www.ingramcontent.com/pod-product-compliance
Lightning Source LLC
LaVergne TN
LVHW012128070526
838202LV00056B/5921
* 9 7 8 4 5 3 2 4 4 0 3 0 5 *

Umrah Guide Book

عمرہ کیسے کریں؟

مصنف: حضرت مولانا مفتی محمد شعیب اللہ خان صاحب مفتاحی دامت برکاتہم

URDU BOOK

Published By – Islamic Book Store

Published By:
Islamic Book Store
Gujarat (India)
3940601

عمرہ کیسے کریں؟

مؤلف

حضرت مولانا مفتی محمد شعیب اللہ خان صاحب مفتاحی دامت برکاتہم
بانی و مہتمم الجامعۃ الاسلامیہ مسیح العلوم، بنگلور
و خلیفہ حضرت اقدس شاہ مفتی مظفر حسین صاحب رحمۃ اللہ علیہ ناظم مظاہر علوم وقف سہارنپور

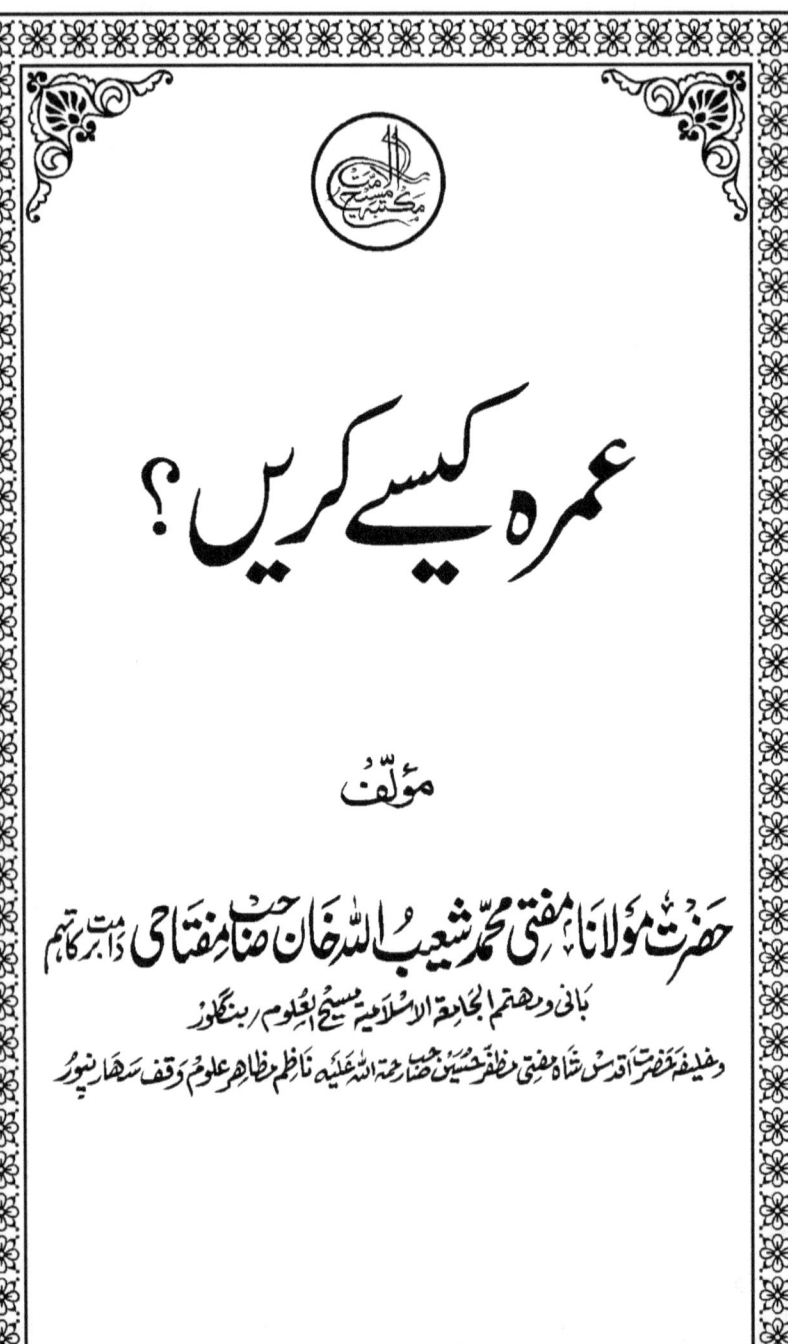

الفہرس

عناوین	صفحہ
تمہیدی گزارش	۵
عمرے کی فضیلت	۷
عمرے کا حکم	۹
عمرے سے پہلے	۱۰
عمرے کا سفر اور میقات	۱۵
احرام کیسا ہو؟	۱۶
احرام کیسے باندھیں؟	۱۷
احرام کا فلسفہ	۲۰
احرام کے ممنوعات	۲۲
احرام کے مکروہات	۲۴
مکۃ المکرّمۃ میں	۲۴
کعبۂ مقدسہ پر	۲۶

۲۸	بیت اللہ و مسجد حرام کی فضیلت
۳۱	عمرے کے فرائض و واجبات
۳۱	طواف کی فضیلت
۳۲	طواف کیسے کریں؟
۳۵	طواف کے بعض مسائل
۳۶	طواف میں ان باتوں کا خیال رکھیں
۳۷	ملتزم و زمزم
۳۹	مقام ابراہیم اور نمازِ طواف
۴۱	صفا و مروہ پر
۴۱	سعی کے چند مسائل
۴۲	سعی کا طریقہ
۴۴	سعی کی غلطیاں
۴۴	عمرہ کا آخری عمل
۴۶	﴿ زیارتِ مدینہ ﴾
۴۶	فضائلِ مدینہ
۴۹	مسجدِ نبوی و ریاض الجنۃ میں
۵۱	روضۂ اطہر پر حاضری
۵۳	روضہ پر لوگوں کی اغلاط
۵۶	حضرت صدیق و فاروق رضی اللہ عنہما کی خدمت میں سلام

بسم اللہ الرحمن الرحیم

تمہیدی گزارش

الحمد للہ کہ اللہ تعالیٰ اسی سال ماہ مئی میں عمرہ کی سعادت بخشی تو مدینۃ النبی صلی اللہ علیہ وسلم میں حاضری کے موقعہ پر روضۂ خضرا کے قریب بیٹھ کر یہ خیال پیدا ہوا کہ عمرہ کے متعلق ایک مختصر رسالہ تحریر کروں جس میں آسان پیرائے میں سنت نبوی کے مطابق عمرے کا طریقہ واحکام درج ہوں۔ اس خیال کے پیدا ہونے کا باعث اگر ایک جانب یہ تھا کہ اس مقدس بقعہ میں کوئی علمی کام مجھ حقیر سے ہو جائے تو یہ میرے لیے سعادت کی بات ہوگی تو دوسری جانب یہ بھی تھا کہ عموماً عمرے کے احکام ومسائل کے لیے حج پر لکھی ہوئی کتابوں کو دیکھنا پڑتا ہے اور خاص عمرے ہی کے عنوان پر کتابیں کم ملتی ہیں۔ لہٰذا صرف عمرے ہی کے متعلق ضروری احکام ومسائل اور اس کا طریقہ لکھا جانا مناسب معلوم ہوا۔

احقر نے اسی خیال کو عملی جامہ پہناتے ہوئے یہ سطور بتاریخ: ۲۵/ جمادی الاولی ۱۴۳۱ھ ہجری مطابق ۱۰/ مئی ۲۰۱۰ء عیسوی بعد نماز عصر ومغرب دو نشستوں اور ۱۱/ مئی بعد عصر ومغرب کی دو نشستوں میں روضۂ اقدس کے قریب بیٹھ کر لکھیں۔ جو کتب پاس موجود تھیں ان کی مدد سے اور اپنے حافظہ میں موجود باتوں کو پیش نظر رکھ کر لکھتا گیا اور یہ بات دل میں تھی کہ بعض تشنہ امور کی تکمیل اور حوالوں کی تحقیق واپسی کے بعد مراجعت کر کے کر دوں گا؛ لہذا بعض امور کی وضاحت وتکمیل اور حوالوں کی تحقیق بعد

مراجعتِ کتب یہاں آنے کے بعد کردی۔ اس طرح الحمد للہ یہ مختصر رسالہ جوارِ نبوی میں بیٹھ کر لکھنے کی سعادت ملی۔

اور اس موقعہ پر جوارِ نبوی کی یہ عظیم برکت بھی ظاہر ہوئی کہ مختصر سے وقت میں اللہ تعالیٰ نے اس کام کو کروادیا اور مزید یہ کہ احقر کو کئی سالوں سے گردن اور ہاتھ کے درد کی شدید تکلیف ہے جس کی وجہ سے میں سال ہا سال سے لکھ نہیں پاتا اور اگر لکھتا ہوں تو دو چار منٹ ہی کے بعد انتہائی شدید تکلیف کی وجہ سے بے قابو ہو جاتا اور لا محالہ تحریری کام کو بند کردیتا ہوں؛ لیکن اس جگہ میں مسلسل یہ رسالہ وہیں بیٹھ کر لکھتا رہا؛ مگر کوئی کسی قسم کی تکلیف نہیں ہوئی۔ وللہ الحمد علی ذلک۔

دعا ہے کہ اللہ تعالیٰ اس مختصر رسالے کو اپنے دربارِ عالی اقدار میں اور اپنے نبی محبوب کے دربار گہر بار میں مقبول بنائے اور زائرین حرم کے لیے اس کو مشعل راہ بنائے اور میری نجات کا وسیلہ و ذریعہ فرمائے۔ آمین یا رب العالمین

محمد شعیب اللہ خان

مہتمم جامعہ اسلامیہ مسیح العلوم، بنگلور

۲۱/شوال/۱۴۳۱ھ ہجری

مطابق: یکم اکتوبر/۲۰۱۰عیسوی

بسم اللہ الرحمٰن الرحیم

عمرہ

عمرے کی فضیلت

عمرہ ایک بہت عظیم الشان عبادت ہے، اس کی فضیلت میں حدیث میں آیا ہے کہ حضرت ابو ہریرہ رضی اللہ عنہ نے کہا کہ رسول اللہ صلی اللہ علیہ وسلم نے فرمایا:

«وَفْدُ اللّٰهِ ثَلَاثَةٌ :الغَازِي وَالْحَاجُّ وَالْمُعْتَمِرُ.»

(اللہ کے مہمان تین ہیں: ایک غازی دوسرا حاجی اور تیسرا عمرہ کرنے والا۔)(۱)

ایک حدیث میں یہ آیا ہے:

«اَلْحُجَّاجُ وَالْعُمَّارُ وَفْدُ اللّٰهِ، إِنْ دَعَوْهُ أَجَابَهُمْ وَإِنِ اسْتَغْفَرُوْهُ غَفَرَلَهُمْ.»

(حاجی وعمرہ کرنے والے لوگ اللہ کے مہمان ہیں، اگر وہ اس سے مانگیں تو اللہ ان کی دعا قبول کرتا ہے اور اگر گناہوں سے معافی چاہیں تو ان کو معاف کردیتا ہے۔)(۲)

حضرت ابو ہریرہ رضی اللہ عنہ کہتے ہیں کہ نبی کریم صلی اللہ علیہ وسلم نے ارشاد فرمایا کہ:

---

(۱) سنن النسائی: ۲۶۲۵، سنن بیہقی: ۵/ ۲۶۵م

(۲) سنن ابن ماجه: ۲۸۹۲،سنن بیہقی: ۵/۲۶۲

« مَنْ أَتٰى هٰذَا الْبَيْتَ فَلَمْ يَرْفُثْ وَلَمْ يَفْسُقْ رَجَعَ كَمَا وَلَدَتْهُ أُمُّهُ. »

(جو شخص اس اللہ کے گھر یعنی کعبہ میں حاضر ہوا پھر نہ کوئی بے حیائی کی بات کی اور نہ کوئی گناہ کا کام کیا، تو وہ اس طرح واپس ہوگا جیسے اس کی ماں نے جنا ہو یعنی اس پر کوئی گناہ نہ ہوگا۔)(۱)

ایک حدیث میں حضرت ابو ہریرہ رضی اللہ عنہ سے ہی مروی ہے کہ نبی کریم صلی اللہ علیہ وسلم نے فرمایا:

« اَلْعُمْرَةُ إِلَى الْعُمْرَةِ كَفَّارَةٌ لِّمَا بَيْنَهُمَا وَ الْحَجُّ الْمَبْرُوْرُ لَيْسَ لَهُ جَزَاءٌ إِلَّا الْجَنَّةَ. »

(عمرہ دوسرے عمرے تک کے تمام گناہوں کا کفارہ ہے اور حج مبرور یعنی مقبول کی جزا جنت ہی ہے۔)(۲)

اور خاص طور پر رمضان میں عمرے کا ثواب بہت زیادہ ہے، ایک حدیث میں ہے کہ رسول اللہ صلی اللہ علیہ وسلم نے فرمایا:

« عُمْرَةٌ فِي رَمَضَانَ تَعْدِلُ حَجَّةً. »

(رمضان میں عمرہ ایک حج کے برابر ہے۔)(۳)

ان احادیث سے عمرے کی فضلیت معلوم ہوتی ہے، بالخصوص رمضان مبارک کے

---

(۱) مسلم: ۳۳۵۷، سنن کبری بیهقی: ۲۶۲/۵

(۲) مسلم: ۳۳۵۵، ترمذی: ۹۳۳، سنن النسائی: ۲۶۲۹، سنن بیهقی: صحیح ابن حبان بترتیب ابن بلبان: ۹/۹

(۳) مسلم: ۳۰۹۷، ترمذی: ۹۳۹، سنن النسائی: ۲۱۱۰، صحیح ابن حبان بترتیب ابن بلبان: ۱۳/۹، ابن ماجه: ۲۹۹۱، سنن دارمی: ۱۹۱۳

مہینہ میں عمرے کی فضیلت کہ وہ حج کے برابر ہے؛ لہٰذا ہر مسلمان کو جسے اللہ نے اس قدر وسعت دی ہے کہ وہ عمرے کے لیے جائے، عمرہ کرلینا چاہیے تاکہ یہ فضیلت اس کو نصیب ہو۔

عمرے کا حکم

عمرے کا حکم کیا ہے کہ یہ سنت ہے یا واجب؟ اس میں علما کا اختلاف ہے۔ بعض ائمہ نے اس کو فرض و واجب کہا ہے، حضرت قتادہ اور حضرت حسن بصری رضی اللہ عنہما نے حج و عمرے کو فرض کہا ہے اور حضرت عطا رضی اللہ عنہ کا بھی یہی قول ہے۔ اور صحابہ میں سے حضرت عمر و ابن عمر رضی اللہ عنہما سے بھی یہی منقول ہے۔ اور امام شافعی رحمہ اللہ کا قول جدید یہی ہے اور شوافع نے اسی کو اصح قرار دیا ہے اور امام احمد و امام سفیان ثوری اسحاق بن راہویہ رحمہم اللہ وغیرہ ائمہ کا بھی یہی قول ہے۔ (۱)

اور علماء احناف میں سے بھی بعض نے اسی کو اختیار کیا ہے، جیسے علامہ کاشانی صاحب رحمہ اللہ البدائع اور علامہ صاحب الجوہرۃ النیرۃ وغیرہ اور اکثر نے اس کو سنت مؤکدہ قرار دیا ہے۔ اور یہی امام مالک، امام نخعی، امام ابو ثور رحمہم اللہ وغیرہ ائمہ کا مسلک ہے۔ (۲)

الغرض عمرے کے بارے میں اختلاف ہے کہ وہ فرض و واجب ہے یا سنت؟ اور خود علمائے حنفیہ میں بھی اس بارے میں دو قول ہیں؛ لہٰذا زندگی میں کم از کم ایک بار اس کا اہتمام کرلینا چاہیے۔ ہاں اس صورت میں اس کے واجب ہونے کی وہی شرائط ہیں جو حج کے فرض ہونے کے شرائط ہیں۔ (۳)

---

(۱) المناسک لابن ابی عروبہ و المجموع للنووی: ۷/۷

(۲) المجموع: ۷/۷، بدائع: ۳/۲۲۶، الجوہرۃ النیرۃ: ۲/۸۷، شامی: ۲/۵۲۰

(۳) بدائع الصنائع: ۳/۲۲۷

عمرے سے پہلے

اے زائر حرم بھائی! اگر اللہ تعالیٰ نے آپ کو عمرہ کرنے کے لیے وسعت وسہولت دی ہے اور اسی کے ساتھ اس کا ارادہ وشوق دیا ہے تو سب سے پہلے اللہ کی بارگاہ اقدس میں شکر ادا کیجئے کہ اس نے بہت بڑی سعادت آپ کے لیے مقدر کی ہے۔ کتنے لوگ ہیں کہ مال ودولت ان کے پاس ہے مگر یہ سعادت ان کے حصے میں نہیں آئی ،اور بہت سے ایسے ہیں کہ اس کا ارادہ وشوق بھی کرتے ہیں پھر بھی کامیاب نہیں ہوتے۔ لہٰذا یہ سمجھئے کہ یہ محض اللہ عز وجل کا فضل واحسان ہے جو اس نے بلا کسی استحقاق کے عطاء کیا ہے، اور جان لیجئے کہ:

ایں سعادت بزود باز ونیست

تا نہ بخشد خدائے بخشندہ

(یہ سعادت زور بازو سے حاصل نہیں ہوسکتی

جب تک کہ عطا کرنے والا خدا عطا نہ کرے)

امام علی بن الموفق رحمہ اللہ بڑے پائے کے محدث وعابد وزاہد تھے، انھوں نے جب ساٹھ حج کر لیے تو طواف کے بعد میزاب رحمت کے نیچے بیٹھ کر سوچنے لگے کہ میں نے حج تو اتنے کر لئے مگر معلوم نہیں کہ اللہ کے نزدیک میرا کیا مقام ہے؟ کہتے ہیں کہ اسی سوچ میں نیند لگ گئی تو خواب میں کیا دیکھتا ہوں کہ ایک شخص کہہ رہا ہے کہ اے علی! تم اپنے گھر کیا کبھی اس کو بھی بلاتے ہو جس کو تم نہیں چاہتے؟ مطلب یہ کہ تم بھی ہمارے ہو، اس لئے ہم نے تم کو اپنے گھر بلایا ہے۔ (۱)

لہٰذا اس کو نہ اپنا کمال سمجھئے اور نہ اپنے مال ودولت کی دین، بلکہ محض اللہ کا فضل

(۱) صفة الصفوة: ۲/۱۰۷، طبقات ابن الملقن: ۱/۵۷

سمجھ کر اس کا شکر کرتے ہوئے ،عمرہ کی تیاری کیجیے،تا کہ عمرہ صحیح معنی میں عمرہ ہو اور وہ فضائل مرتب ہو جو اس کے بتائے گئے ہیں ۔

عمرے کی تیاری کے سلسلے میں چند اہم امور کی جانب آپ کی توجہ ہونا چاہیے،ان میں سے ایک یہ ہے کہ اپنے آپ کو ظاہر و باطن کے لحاظ سے پاک و صاف کرنے اور اللہ عز وجل کے دربار عالی میں حاضری کے قابل بنانے کی فکر کریں ؛ کیوں کہ یہ دربار کسی معمولی حاکم و بادشاہ کا نہیں ؛ بل کہ اس کا دربار ہے جس کے سامنے سارے حاکم و بادشاہ ،امیر و رئیس سب کے سب سر جھکاتے ہیں ،یہ احکم الحاکمین و رب العالمین کی بارگاہ ہے، یہ وہ جگہ ہے جہاں بادشاہ بھی فقیر بن کر آتے ہیں،اور جہاں :

ایک ہی صف میں کھڑے ہو گئے محمود و ایاز

نہ کوئی بندہ رہا، نہ کوئی بندہ نواز

کا ایک عجیب و روح پرور منظر دکھائی دیتا ہے۔ جہاں امیروں کی امارت ، رئیسوں کی ریاست ،شاہوں کی شاہی ،اور وزیروں کی وزارت خاک میں ملتی نظر آتی ہے۔ ایسے عالی شان دربار میں جانے کے لیے اپنے آپ کو کس قدر آراستہ و پیراستہ کرنا چاہیے ؟ اس کا اندازہ ہر شخص خود کر سکتا ہے۔ لہٰذا تمام ظاہری و باطنی گناہوں سے صدق دل کے ساتھ رو رو کر اللہ کے سامنے توبہ کیجیے،اس کو منا لیجیے اور آئندہ گناہ نہ کرنے کا عزم مصمم کیجیے، پھر ذکر و اذکار اور عبادات کے ذریعے اپنے دل کو روشن و منور کر لیجیے اور بار بار اللہ کے دربار کی عظمت و سطوت کا تصور جمائیے۔

عمرے کی تیاری کے بارے میں ایک بہت اہم بات یہ پیش نظر ہونا چاہیے کہ اللہ کے گھر کی زیارت اور نبی کے روضہ مقدسہ کا دیدار اور عمرہ جیسی عبادات کسب حلال کے ذریعے حاصل ہونے والی کمائی سے انجام دی جائیں ،کوئی ایک حبہ بھی

ناجائز کمائی کا، غصب وظلم کا، سود ورشوت کا ہرگز ہرگز نہ ہو۔ کہیں ایسا نہ ہو کہ اس قسم کے روپے پیسے کی وجہ سے ایسی عظیم عبادات ضائع چلی جائیں۔

ملا علی قاری رَحِمَہُ اللہ نے اپنی کتاب: "أنوار الحجج في أسرار الحج" میں اور علامہ حطاب الرعینی رَحِمَہُ اللہ نے "مواهب الجلیل" میں ایک حدیث نقل کی ہے کہ جب آدمی مال حرام سے حج کرتا ہے اور کہتا ہے: "لَبَّيْكَ اَللّٰهُمَّ لَبَّيْكَ" تو اللہ تعالی فرماتے ہیں: "لَا لَبَّيْكَ وَلَا سَعْدَيْكَ." (۱)

اور حضرت عمر رَضِیَ اللہُ عَنْہُ سے بھی مروی ہے کہ جب کوئی شخص مال حرام سے حج کرتا ہے اور "لَبَّيْكَ اَللّٰهُمَّ لَبَّيْكَ" کہتا ہے تو اللہ تعالی اس سے کہتے ہیں کہ: لَا لَبَّيْكَ وَلَا سَعْدَيْكَ وَحَجُّكَ مَرْدُوْدٌ عَلَيْكَ" (تیرا لبیک منظور نہ سعدیک اور تیرا حج تجھ پر مردود ہے۔)(۲)

لہٰذا یہ کوشش ہونا چاہیے کہ حلال روپے سے حج وعمرہ کیا جائے تاکہ وہ مقبول ہو، ورنہ نہ حج مقبول ہوگا نہ عمرہ مقبول ہوگا؛ کیوں کہ مقبولیت کی شرط یہ ہے کہ حلال روپیہ اللہ کے لیے خرچ کیا جائے۔

عمرے کے سفر کے لیے ایک کوشش یہ ہونا چاہیے کہ نیک وصالح لوگوں کی معیت وصحبت میں یہ سفر کیا جائے، بالخصوص حضرات علما ومشائخ کے ساتھ سفر کی کوشش کی جائے، اس کے بہت سے فائدے ہیں: ایک تو یہ کہ نیک لوگوں کی صحبت کا نیک اثر مرتب ہوگا، دوسرا یہ کہ وقت صحیح طور پر گزرے گا، بیکار باتوں اور فضول کاموں سے بچنا نصیب ہوگا، اور تیسرا یہ کہ عمرہ وحج صحیح طریقہ اور سنت کے مطابق

---

(۱) انوار الحجج تحقیق دکتور احمد الحجی: ۳۷، مواهب الجلیل: ۱۷۳/۷

(۲) امالی ابن مردویه: ۲۲۰

کرنا آسان ہوگا ؛ کیوں کہ آپ کو کسی بات میں بھول ہوگی تو یہ حضرات یاد دہانی کریں گے، اگر کوئی بات دین کی یا حج وعمرے کی معلوم نہ ہو تو وہ سکھائیں گے، سستی ہوگی تو ان کی صحبت سے نیکی کرنے میں نشاط پیدا ہوگا اور ان کو دیکھ کر بہت سی عبادات ونیکیوں کے کرنے کا جذبہ پیدا ہوگا۔ اس کے برخلاف جاہلوں یا برے لوگوں کے ساتھ جائیں گے تو وہ خود ہمارا وقت خراب کریں گے، کبھی غیبت ہوگی، کبھی فضول باتیں ہوں گی کبھی دنیوی امور پر خوامخواہ باتیں ہوں گی، حتی کہ دل فاسد و خراب ہو جائے گا۔ اس لیے اچھے و نیک لوگوں کی صحبت اختیار کرتے ہوئے یہ سفر ہو تو خوب رہے گا اور اگر اپنے وطن سے کسی نیک و بزرگ شخصیت کی معیت نصیب نہ ہوئی تو پھر یہ کوشش کیجیے کہ وہاں پہنچنے کے بعد کوئی اللہ والے مل جائیں، وہاں تو بہت اللہ والے آتے ہیں، دنیا کے چپہ چپہ سے آتے ہیں، تلاش کریں تو مل جائیں گے۔ مگر افسوس کہ اب لوگ اس سے اس قدر بے خبر ہیں کہ ان کو کوئی اللہ والے مل بھی جائیں تو ان کی طرف رخ نہیں کرتے۔

اے بھائی زائر حرمین ! یہاں ایک اور اہم بات کی جانب آپ کی توجہ مبذول کرانا ضروری خیال کرتا ہوں، وہ یہ کہ اس راہ میں خصوصاً اور ہر عبادت میں عموماً اخلاص کی بڑی ضرورت ہے، اخلاص ہر عبادت کی اساس و بنیاد ہے، اس کے بغیر کوئی نیکی و عبادت اللہ کے یہاں قابل قبول نہیں ہوسکتی، اور اخلاص کا مطلب یہ ہے کہ صرف اور صرف اللہ کی خوشنودی کے لیے عبادت انجام دی جائے اور کوئی مقصد دنیوی پیش نظر نہ ہو۔ حدیث میں ہے کہ اللہ کے نبی صَلَّى اللهُ عَلَيْهِ وَسَلَّمَ نے فرمایا:

« يَأْتِي عَلَى النَّاسِ زَمَانٌ يَحُجُّ أَغْنِيَاءُ أُمَّتِي لِلتَّنَزُّهِ وَ أَوْسَاطُهُمْ لِلتِّجَارَةِ وَ قُرَّاءُ هُمْ لِلرِّيَاءِ وَالسُّمْعَةِ وَفُقَرَاءُ هُمْ

لِلْمَسْئَلَةِ.»

(ایک زمانہ لوگوں پر ایسا آئے گا کہ اس میں میری امت کا مال دار طبقہ سیر وتفریح کے لیے اور درمیانہ طبقہ تجارت کے لیے، علما وقراء کا طبقہ ریا وشہرت کی خاطر اور فقیر ومسکین لوگوں کا طبقہ مانگنے کے لیے حج کرے گا۔)(۱)

اس سے معلوم ہوتا ہے کہ اللہ کے نبی صَلَّی اللّٰہُ عَلَیْہِ وَسَلَّم نے اپنی امت کو پہلے ہی سے اس بات کی جانب متوجہ کر دیا ہے کہ اللہ کے گھر کی زیارت حج وعمرہ میں اخلاص کا فقدان نہ ہونا چاہئے؛ بل کہ اس کا اہتمام ہونا چاہیے۔ ملا علی قاری رَحِمَہُ اللّٰہُ نے "انوار الحجج" میں لکھا ہے کہ ایک نیک آدمی نے خواب دیکھا کہ حج کے اعمال اللہ کے دربار میں پیش کیے جارہے ہیں اور عرض کیا گیا کہ یہ فلاں کے اعمال ہیں، تو اللہ نے فرمایا کہ اس کو حاجی لکھو، پھر کسی کا عمل پیش کیا گیا تو فرمایا کہ اس کو تاجر لکھو، یہاں تک کہ معاملہ خود ان خواب دیکھنے والے شخص تک پہنچا کہ ان کے اعمال پیش کیے گئے تو فرمایا کہ اس کو تاجر لکھو، یہ کہتے ہیں کہ میں نے عرض کیا کہ کیوں؟ میں تو تاجر نہیں ہوں، تو فرمایا کہ کیوں نہیں، تم کتب غزل لے جا کر اہل مکہ کو بیچنا چاہا تھا۔(۲)

لہٰذا ہمارا مقصود اس سفر سے صرف اللہ کی خوشنودی ہونا چاہیے کوئی اور دنیوی غرض کا دور دور تک ہمارے دلوں کی جانب سے گزر بھی نہ ہونا چاہیے۔

اس سلسلے میں یہ بات بھی نا قابل فراموش ہے کہ جس طرح اخلاص کے بغیر نیکی وطاعت بے کار ہے، اسی طرح یہ بھی ذہن نشین کرلیں کہ اتباع سنت کے بغیر

---

(۱) جمع الجوامع للسیوطی: ۲۵۶۹۴/۱، کنز العمال: ۲۳۰/۵، حدیث: ۱۲۳۶۳

(۲) انوار الحجج: ۳۲

بھی کوئی عبادت و نیکی اللہ کے یہاں کسی قابل شمار نہیں ہوتی ،اس لیے عمرے کے تمام ارکان واعمال نبی کریم ﷺ کے بتائے ہوئے اور سکھائے ہوئے طریقہ پرانجام دینے کی فکر بھی بہت ضروری ہے؛ لہٰذا عمرہ پر جانے سے پہلے اپنی تیاری کا ایک اہم باب یہ ہے کہ عمرے کے احکام ومسائل، اس کے سنن وآداب کا مطالعہ کا یا کسی عالم سے سیکھنے کا اہتمام کریں۔ بہت سے لوگ اس کے بغیر حج یا عمرے کے لیے آتے ہیں اور من مانے طریقہ سے اعمال ومناسک ادا کرتے ہیں، جس سے بسا اوقات عبادت ہی ضائع ہو جاتی ہے یا کم از کم سنت کے مطابق نہ ہونے کی وجہ سے نا مقبول ہو جاتی ہے؛ اس لیے اپنے ساتھ کوئی معتبر کتاب بھی لیتے جائیں جیسے **"معلم الحجاج"** وغیرہ۔

عمرہ کا سفر اور میقات

اے محترم بھائی! جب عمرہ کا سفر کرو تو اس کو عام سفر کی طرح نہیں؛ بل کہ ایک مقدس سفر سمجھ کر کرو اور اس میں ذکر اذکار اور مسنون دعاؤں کا اہتمام کرو؛ اس کے لیے مسنون دعاؤں کی کوئی معتبر کتاب جیسے **"حصن المسلم"** یا "مسنون دعائیں" اپنے ساتھ رکھ لو اور موقعہ موقعہ سے پڑھتے رہو۔ یاد رہے کہ عورت کو سفر میں اپنے ساتھ محرم کو لیجانا ضروری ہے، بغیر محرم کے عورت کا سفر کرنا نا جائز ہے۔

یاد رہے کہ حج یا عمرہ کرنے والے کے لیے سب سے پہلے یہ ضروری ہے کہ وہ میقات پر احرام باندھ لے، کوئی بھی شخص مکہ جانا چاہتا ہو تو اس کے لیے ضروری ہے کہ وہ میقات پر احرام باندھ لے، بغیر احرام کے میقات پار کرے گا تو اولاً اس کو چاہیے کہ میقات واپس آکر احرام باندھ کر جائے اور اگر واپس نہیں آیا تو اس پر ایک دم یعنی قربانی واجب ہو جائے گی۔ (۱)

---

(۱) اس کے تفصیلی مسائل کے لئے **"معلم الحجاج"** کا مطالعہ کرو

میقات وہ مقامات ہیں جن کو حضرت نبی کریم صلی اللہ علیہ وسلم نے دنیا کے مختلف علاقوں سے حرم مکہ کو آنے والوں کے لیے مقرر کر دیا ہے کہ جو بھی شخص مکہ مکرمہ جانے کے لیے یہاں سے گزرے خواہ وہ حج یا عمرے کے لیے مکہ جائے یا کسی اور مقصد کے لیے تو اس پر واجب ہے کہ احرام باندھے۔ یہ میقات الگ الگ علاقوں کے لیے الگ الگ ہیں اور ہندوستان، پاکستان، بنگلہ دیش وغیرہ کے لیے میقات ''یلملم'' ہے جس کو آج کل ''سعدیہ'' کے نام سے جانا جاتا ہے۔ اور یہ میقات مکۃ المکرّمہ سے ایک سو بیس کلومیٹر پر واقع ہے۔ لہٰذا جو لوگ ہندوستان، پاکستان وغیرہ سے جاتے ہیں ان کو ''یلملم'' سے یا اس سے پہلے احرام باندھ لینا چاہیے۔ اور سہولت کی خاطر اپنے گھر ہی سے احرام باندھ لے یا احرام کی چادریں پہن لے اور یلملم پر نیت کرلے تو بھی درست ہے۔

احرام کیسا ہو؟

محترم زائر حرم! احرام کے لیے کپڑے کیسے ہوں اور کیا ہوں؟ اس بارے میں مختصر وضاحت سن لیں کہ مرد کے لیے سفید دو چادریں ہوں، ایک بدن کے اوپر والے حصے پر اوڑھنے کے لیے اور ایک بطور لنگی کے استعمال کرنے کے لیے، سفید ہونا بہتر ہے، واجب نہیں اور احرام میں سلا ہوا کپڑا استعمال نہیں کیا جا سکتا؛ لہٰذا کرتہ، پاجامہ، صدری بنیان وغیرہ ممنوع ہوں گے، ہاں چادر یا لنگی درمیان سے سلی ہوئی ہو تو جائز ہے؛ لیکن بہتر نہیں۔ اور عورت کے لیے اس کا معمولی عام لباس ہی احرام ہے، جو سارے بدن کو اچھی طرح ڈھانک لے۔

یہاں ایک بات نوٹ کر لیجیے کہ احرام ان کپڑوں کا نام نہیں؛ بل کہ یہ تو احرام کے کپڑے ہیں اور احرام نام ہے حج یا عمرے کی نیت کر کے تلبیہ پڑھنے کا، جس سے

بعض جائز ومباح چیزیں اس پر حرام ہو جاتی ہیں، لہٰذا احرام اس نیت کے ساتھ تلبیہ پڑھنے کا نام ہے۔ مجازاً ان چادروں کو بھی احرام کہہ دیا کرتے ہیں، اور احرام حج یا عمرے کے لئے ایسا ہے جیسے نماز کے لئے تکبیر تحریمہ، جس کی وجہ سے نماز کے دوران آدمی پر کھانا پینا وغیرہ باتیں حرام ہو جاتی ہیں۔

احرام کیسے باندھیں؟

جب آپ احرام باندھنا چاہیں تو پہلے ناخن تراش دیں، جسم کے زائد بال (موئے بغل وزیر ناف) مونڈ دیں، سر کے بال یا تو منڈوا دیں یا کنگھی سے درست کرلیں، پھر یہ بھی مسنون ہے کہ احرام کی نیت سے غسل کریں، اگر غسل نہ کرو تو مضائقہ نہیں، پھر احرام کی چادریں پہن لیں، اور جسم اور احرام کی چادروں کو ایسی خوشبو لگاؤ جس کا جسم کپڑوں پر نہ لگے، بلکہ صرف خوشبو لگے۔ تصویر دیکھئے:

پھر دو رکعت نفل نماز احرام کی نیت سے پڑھو، پہلی رکعت میں ﴿قُلْ يَاأَيُّهَا الْكَافِرُونَ﴾ اور دوسری میں ﴿قُلْ هُوَ اللّٰهُ أَحَدٌ﴾ پڑھو، پھر سلام کے بعد مرد سر سے ٹوپی یا کپڑا اتار دے اور عورت سر کو حسب معمول ڈھانک کر رکھے، ہاں وہ

اپنے چہرے کو احرام میں نہیں ڈھانک سکتی؛ لہٰذا چہرہ پر کوئی کپڑا نہ ڈالے، پھر عمرے کی نیت کریں، نیت اصل تو دل سے ہوتی ہے؛ لہٰذا دل سے نیت کریں اور زبان سے بھی یہ الفاظ کہہ لیں:

"أَللّٰهُمَّ إِنِّیْ أُرِیْدُ الْعُمْرَةَ فَیَسِّرْهَا لِیْ وَ تَقَبَّلْ مِنِّیْ"

(اے اللہ! میں عمرہ کی نیت کرتا ہوں؛ لہٰذا تو اس کو میرے لیے آسان کردے اور قبول فرمالے۔)

اس کے بعد مرد حضرات ذرا بلند آواز سے تلبیہ پڑھیں اور عورت آہستہ آواز سے اور تلبیہ یہ ہے:

"لَبَّیْکَ اَللّٰهُمَّ لَبَّیْکَ، لَبَّیْکَ لَا شَرِیْکَ لَکَ، لَبَّیْکَ، إِنَّ الْحَمْدَ وَالنِّعْمَةَ لَکَ وَالْمُلْکَ، لَا شَرِیْکَ لَکَ."

(حاضر ہوں اے اللہ! حاضر ہوں، حاضر ہوں، آپ کا کوئی شریک نہیں، بلاشبہ سب تعریفیں آپ ہی کو سزاوار ہیں اور سب نعمتیں آپ ہی کی ہیں اور ملک بھی آپ ہی کا ہے، آپ کا کوئی شریک نہیں۔)

پھر نبی کریم صلی اللہ علیہ وسلم پر درود بھیجے:

"اَللّٰهُمَّ صَلِّ عَلٰی مُحَمَّدٍ وَّعَلٰی آلِهٖ وَأَصْحَابِهٖ أَجْمَعِیْنَ."

پھر جو چاہے دعاء کرے اور یہ دعا مسنون ہے:

"اَللّٰهُمَّ إِنِّي أَسْئَلُکَ رِضَاکَ وَالْجَنَّةَ وَأَعُوْذُ بِکَ مِنْ غَضَبِکَ وَالنَّارِ." (۱)

---

(۱) سنن صغری بیهقي: ۱/۴۶۱، اعانة الطالبین: ۲/۳۵۱

اے زائرِ حرم بھائی، بہن! جب تلبیہ پڑھو تو ذرا یہ بھی خیال کرو کہ میں اللہ کے حضور یہ کہہ رہا ہوں کہ میں حاضر ہوں؛ اس لیے مجھے اپنے پورے دل کے ساتھ، پورے اخلاص کے ساتھ اور پوری دلجمعی و جذبے کے ساتھ کہنا چاہیے، ورنہ کہیں ہمارے اس "لبیک" پر "لا لبیک" نہ کہہ دیا جائے۔ حضرت سفیان بن عیینہ رحمہ اللہ کہتے ہیں کہ حضرت زین العابدین علی بن الحسین رحمہ اللہ نے حج کے ارادہ سے احرام باندھا اور سواری پر سوار ہوئے تو آپ کا رنگ فق ہوگیا، سانس پھولنے لگی اور بدن پر کپکپی طاری ہوگئی اور لبیک نہیں کہی جاسکی۔ ان سے پوچھا گیا کہ آپ کیوں لبیک نہیں کہتے؟ تو کہا کہ مجھے اس بات کا اندیشہ ہے کہ کہیں "لا لبیک و لا سعدیک" نہ کہہ دیا جائے، پھر جب لبیک کہا تو بے ہوش ہوگئے، اور سواری سے گر پڑے، اور حج پورا ہونے تک یہ بات برابر پیش آتی رہی۔ (١)

ایک اور اللہ والے کے احرام اور تلبیہ کی کیفیت سنو، حضرت عبد اللہ بن الجلاء رحمہ اللہ کہتے ہیں کہ حج کے ارادے سے میں ذو الحلیفہ (مدینہ کی جانب سے میقات) میں تھا، لوگ احرام باندھ رہے تھے، میں نے ایک نوجوان کو دیکھا کہ اس نے اپنے اوپر احرام کے لیے غسل کرنے پانی ڈالا پھر کہنے لگا کہ اے میرے رب! میں "لَبَّیْکَ اَللّٰھُمَّ لَبَّیْکَ" کہنا چاہتا ہوں؛ لیکن ڈرتا ہوں کہ کہیں آپ مجھ کو "لَا لَبَّیْکَ وَلَا سَعْدَیْکَ" سے جواب نہ دے دیں۔ وہ برابر یہ کہتا جا رہا تھا اور میں سن رہا تھا، جب اس نے حد کردی تو میں نے اس سے کہا کہ احرام تو ضروری ہے، کہنے لگا کہ اے شیخ! ڈر ہے کہ میں "لَبَّیْکَ" کہوں اور مجھے اللہ جواب میں "لَا لَبَّیْکَ"

---

(١) تاریخ ابن عساکر: ٣٧٨/٤١، تاریخ الاسلام للذهبی: ٢٦٧/٢، تهذیب التهذیب: ٢٦٩/٧، تهذیب الکمال: ٣٩٠/٢٠

نہ فرمادیں۔ حضرت ابن الجلاء رحمۃ اللہ کہتے ہیں کہ میں نے اس سے کہا کہ اللہ سے اچھا گمان رکھنا چاہیے۔ لہٰذا میرے ساتھ تم بھی "لَبَّیْکَ اَللّٰھُمَّ لَبَّیْک" کہو۔ پس اس نے "لَبَّیْکَ اَللّٰھُمَّ" کہا اور اس کو کھینچ کر کہا اور اسی کے ساتھ اس کی روح نکل گئی۔ (۱)

الغرض اللہ تعالیٰ کی عظمت و جلالت اور اپنی بے مائیگی و بے چارگی عاجزی و غلامی کا تصور کرتے ہوئے "لَبَّیْک" کہیں۔ اب آپ کا احرام شروع ہو گیا اور آپ پر احرام کی پابندیاں عائد ہو گئیں، لہٰذا آپ کو اب پوری احتیاط سے کام لینا چاہیے تاکہ کوئی کام احرام کے خلاف نہ ہو جائے۔

احرام کا فلسفہ

اے محترم زائر حرم! آپ نے احرام پہن لیا ہے، ذرا یہ بھی غور کیا کہ یہ احرام کا لباس اور یہ انداز کیا اور کیوں ہے؟ اس میں ایک پہلو یہ ہے کہ یہ عاشقانہ لباس ہے، جس میں اس کا کوئی التزام و اہتمام نہیں کہ یہ سلا ہوا ہو، بنا ہوا ہو، اپنے جسم پر فٹ ہو، عمدہ طریقہ کا ہو، اسی طرح اس کی بھی کوئی فکر نہیں کرتا کہ بالوں کو سنوارے، ناخن بنائے؛ بل کہ ایک عاشق جب اپنے محبوب کی یاد میں مضطرو بے تاب ہو اور اس کی جانب والہانہ چلا جا رہا ہو تو جس طرح وہ اپنے جسم و کپڑوں کی کوئی فکر نہیں کرتا، اسی طرح عمرے و حج کو جانے والا اللہ کا عاشق، اللہ کی محبت میں چور اور اس کے عشق میں سرشار بندہ بھی اس لباس میں یہ بتاتا ہوا اللہ کے دربار میں پہنچتا ہے کہ میں اللہ کا سچا عاشق ہوں، مجھے دنیا کی کوئی فکر نہیں، میرے لباس و پوشاک کی کوئی فکر نہیں، میرے بالوں اور ناخنوں کی کوئی فکر نہیں ہے؛ بل کہ میری پوری توجہات کا مرکز اللہ کی محبوب

(۱) تاریخ ابن عساکر: ۵۲/۴۳۶،تاریخ بغداد: ۵/۲۶۶

ذات اور اس کا گھر ہے۔ لہذا اس پہلو کے پیش نظر احرام والے کو چاہئے کہ وہ احرام پہن کر واقعۃً اللہ کا عاشق و محبّ ہونے کا ثبوت دے۔

اس میں دوسرا پہلو یہ ہے کہ یہ لباس و انداز فقیرانہ لباس و انداز ہے، اللہ کے گھر جانے والوں کے لیے اس لباس و انداز کو مشروع کر کے اللہ کی جانب سے یہ درس دیا جارہا ہے کہ تم سب اللہ کے فقیر ہو، خواہ تم اپنی جگہ کچھ بھی ہو، بادشاہ ہو، رئیس ہو، وزیر ہو، امیر کبیر؛ لیکن میرے دربار میں سب فقیر ہی فقیر ہیں، گویا احرام پہن کر اللہ کے گھر جانے والا یہ ثابت کرتا ہے کہ میں واقعی اللہ کا فقیر ہوں، وہ غنی و داتا ہے میں محتاج و بے نوا ہو، اس کے دربار میں فقیرانہ حاضری دے رہا ہو؛ لہٰذا احرام والے کو اپنے دل و دماغ سے سارا تکبر، عجب و پندار نکال کر عاجزانہ و فقیرانہ اللہ کے دربار میں جانا چاہیے۔

اس میں ایک تیسرا پہلو بھی ہے جو قابل غور ہے کہ یہ احرام کی چادریں اور احرام کی پابندیاں، یہ انداز و طریقہ دراصل انسان کو اپنی موت اور موت کے بعد کے احوال کی یاددہانی کرتے ہیں کہ جس طرح موت کے وقت اللہ کے دربار میں حاضری کے موقعے پر انسان کو کفن میں لپیٹ دیا جاتا ہے اور وہ اس وقت اپنی خواہشات و لذات کو پورا کرنے پر قادر نہیں ہوتا، اسی طرح آج وہ اللہ کے دربار میں مردے کی چادریں لپیٹ کر حاضر ہو رہا ہے اور اپنی خواہشات جیسے بیوی سے ملنے کی، اپنے آپ کو سنوارنے اور بنانے کی، عطر و خوشبو سے معطر ہونے کی، میل کچیل دور کرنے کی اور من پسند لباس و پوشاک پہننے کی کوئی خواہش پوری نہیں کرسکتا، پھر اللہ کے حضور حساب و کتاب کے لیے اس کے دربار عالی میں پیش کیا جارہا ہے، جہاں دنیا بھر کے انسان جمع ہیں، گویا کہ ایک میدان حشر برپا ہے۔ لہٰذا زائر حرم کو اس پہلو پر بھی توجہ دیتے ہوئے اپنے آپ کو اللہ کے دربار میں پیش کئے جانے کے قابل بنانا چاہیے۔

احرام کے ممنوعات

احرام کی حالت میں بعض کام منع ہیں اور ان کے ارتکاب سے بعض صورتوں میں دم اور بعض میں صدقہ واجب ہوتا ہے۔ ان کی پوری تفصیل کتب فقہ میں درج ہے۔ یہاں صرف چند اہم وزیادہ پیش آنے والے امور ذکر کرتا ہوں:

مرد کے لیے سلے ہوئے کپڑے پہننا حرام ہے، البتہ لنگی بیچ سے سلی ہو تو جائز ہے اور تہبند، لنگی کو کسی پیٹی (بلٹ) سے باندھنا جائز ہے۔

اسی طرح دستانے اور موزے پہننا بھی مرد کے لیے ناجائز ہے، ہاں عورت کے لیے سلے ہوئے کپڑے پہننا بھی جائز ہے اور موزے و دستانے پہننا بھی جائز ہے۔

مرد کے لیے ایسا جوتا پہننا بھی احرام میں ناجائز ہے جس سے پیر کی بیچ والی ہڈی چھپ جائے؛ لہٰذا بہتر ہے کہ ہوائی چپل کا استعمال کیا جائے، ہاں عورت کے لیے اس طرح کا جوتہ جائز ہے۔

احرام میں بدن کے کسی بھی حصے کے بالوں کو دور کرنا حرام ہے، اسی طرح ہاتھ پیر کے ناخنوں کا تراشنا بھی حرام ہے۔

عطر یا کسی بھی قسم کی کوئی خوشبو لگانا احرام میں ناجائز ہے، اسی طرح سر یا ڈاڑھی میں مہندی لگانا بھی ناجائز ہے۔ لہٰذا خوشبو تیل، دارمنجن، پیسٹ، صابون وغیرہ سے پرہیز کرنا چاہیے۔

احرام کی حالت میں کھانے یا پینے کی چیز میں کوئی خوشبو دار چیز بغیر پکائے ڈال کر استعمال کرنا منع ہے۔ ہاں کھانے کی چیز میں خوشبو دار چیز کو پکا دیا جائے تو اس کا استعمال احرام کی حالت میں جائز ہے؛ مگر پینے کی چیز میں خوشبو دار چیز خواہ پکائی جائے یا نہ پکائی جائے ہر صورت میں منع ہے۔

حالت احرام میں بیوی سے مجامعت اور بوس و کنار ہونا بھی حرام ہے، اسی طرح شہوت سے دیکھنا یا محبت کی باتیں کرنا بھی حرام ہے۔

احرام میں خشکی کے جانوروں کا شکار کرنا یا ان کو بھگانا یا کسی کو ان کے شکار کرنے پر مدد دینا حرام ہے اور حدود حرم میں ان جانوروں کا شکار سب پر حرام ہے خواہ احرام میں ہوں یا نہ ہوں۔

احرام والے مرد پر حرام ہے کہ کپڑے یا کسی اور چیز سے اپنا سر یا چہرہ ڈھانپے، اور عورت پر حرام ہے کہ وہ چہرہ ڈھانپے، عورت کا احرام صرف اس کے چہرے میں ہے، سر میں نہیں؛ لہذا وہ سر کو ڈھانپ کر رکھے گی۔ لیکن نامحرم مردوں کا سامنا ہو تو چہرہ کے سامنے کوئی چیز آڑ کر لے تاکہ بے پردگی نہ ہو؛ مگر چہرے سے کپڑا وغیرہ مس نہ کرے۔ ہاں اگر اوپر سے سایہ کے طور پر کوئی چیز جیسے چھتری وغیرہ استعمال کرے تو مرد کے لیے بھی جائز ہے۔

احرام میں کپڑے سے سر اور چہرہ پونچھنا جائز نہیں، ہاں عورت کو سر کپڑے سے پونچھنا جائز ہے اور عورت کو چہرے کے علاوہ اور مرد کو سر و چہرے کے علاوہ باقی بدن کپڑے سے پونچھنا جائز ہے اور ہاتھ سے سر و چہرہ پونچھنا بھی جائز ہے۔

اہم تنبیہ: عام طور پر حج و عمرے کے موقعہ پر عورتیں احرام میں بھی اور احرام کے علاوہ بھی بے پردہ ہو جاتی ہیں اور وہاں اپنا چہرہ غیر مردوں کے سامنے کھول کر سامنے آجاتی ہیں۔ یاد رہے کہ یہ ناجائز ہے۔ احرام میں عورت کو اپنا چہرہ نہ ڈھانپنے کا مطلب یہ نہیں کہ غیر مردوں کے سامنے بے پردہ ہو جائے؛ بل کہ اس کو اس موقعے پر مردوں کے سامنے آنا ہی نہیں چاہیے تاکہ احرام بھی باقی رہے اور پردہ بھی قائم رہے، اور اگر باہر نکلنے کی ضرورت پڑے تو چہرے کو لگائے بغیر کوئی چیز آڑ کر

لے تاکہ پردہ باقی رہے۔

احرام کے مکروہات

احرام کی حالت میں بعض امور وہ ہیں جو مکروہ ہیں، ان کے ارتکاب سے دم یا صدقہ تو واجب نہیں ہوتے، البتہ ان کی وجہ سے عمرہ میں نقص پیدا ہو جاتا ہے۔ ان میں سے چند امور یہ ہیں:

بدن سے میل دور کرنا، سر یا ڈاڑھی یا بدن کو صابون وغیرہ سے دھونا۔

سر یا ڈاڑھی میں کنگھی کرنا، یا اس طرح کھجانا کہ بال گرنے کا خوف ہو۔

احرام کی چادر یا تہبند میں گرہ لگانا، یا گرہ لگا کر گردن میں باندھنا، یا ان میں سوئی یا پن لگانا۔

خوشبو سونگھنا یا چھونا، یا خوشبودار میوہ سونگھنا، ہاں بلا ارادہ خوشبو آئے تو حرج نہیں۔

تکیہ پر منہ کے بل لیٹنا، ہاں سر یا رخسار کا تکیہ پر رکھنا جائز ہے۔

مکۃ المکرّمۃ میں

اس سفر کے دوران "لَبَّیْکَ اَللّٰھُمَّ لَبَّیْکَ الخ" کا ورد جاری رہے، مرد زور سے اور عورتیں آہستہ سے، اور یہ اٹھتے، بیٹھتے، کھاتے پیتے، چلتے پھرتے، چڑھتے اترتے، غرض ہر حالت میں کہتے رہنا چاہیے۔ اور سفر طے کرتے ہوئے جب مکۃ المکرّمۃ کی پاکیزہ سرزمین پر اتریں تو سامان وغیرہ کا بندوبست کریں۔ اور دھیان رہے کہ آپ اس وقت اس شہر میں ہیں جہاں کبھی کوئی فرد بشر دور دور تک دکھائی نہیں دیتا تھا اور اس وقت حضرت ابراہیم خلیل اللہ نے اللہ تعالیٰ کے حکم سے اپنی زوجۂ محترمہ حضرت ھاجرہ اور لخت جگر حضرت اسماعیل علیہما السلام کو اسی وادئ

غیر ذی زرع میں لا کر چھوڑ دیا تھا، اور کھانے کے لیے چند چیزیں اور پینے کے لیے پانی کا ایک مشکیزہ ان کے حوالہ کر دیا تھا اور واپس ہوتے ہوتے اللہ کی جناب میں یہ دعاء کی تھی:

﴿وَاِذْ قَالَ اِبْرٰهِيْمُ رَبِّ اجْعَلْ هٰذَا الْبَلَدَ اٰمِنًا وَّاجْنُبْنِيْ وَبَنِيَّ اَنْ نَّعْبُدَ الْاَصْنَامَ. رَبِّ اِنَّهُنَّ اَضْلَلْنَ كَثِيْرًا مِّنَ النَّاسِ فَمَنْ تَبِعَنِيْ فَاِنَّهٗ مِنِّيْ وَمَنْ عَصَانِيْ فَاِنَّكَ غَفُوْرٌ رَّحِيْمٌ. رَبَّنَآ اِنِّيْٓ اَسْكَنْتُ مِنْ ذُرِّيَّتِيْ بِوَادٍ غَيْرِ ذِيْ زَرْعٍ عِنْدَ بَيْتِكَ الْمُحَرَّمِ رَبَّنَا لِيُقِيْمُوا الصَّلٰوةَ فَاجْعَلْ اَفْئِدَةً مِّنَ النَّاسِ تَهْوِيْٓ اِلَيْهِمْ وَارْزُقْهُمْ مِّنَ الثَّمَرٰتِ لَعَلَّهُمْ يَشْكُرُوْنَ﴾ (ابراهيم: ۳۵-۳۷)

(اور یاد کرو اس وقت کو جبکہ حضرت ابراہیم علیہ السلام نے عرض کیا کہ اے میرے پروردگار! اس شہر کو امن والا بنا دے اور مجھے اور میری اولاد کو بتوں کی پرستش سے بچالے، ان بتوں نے بہت سے لوگوں کو گمراہ کیا ہے، پس جو میری اتباع کرے تو وہ میرا ہے اور جو میری نافرمانی کرے تو تو بلاشبہ بڑا بخشنے والا رحم کرنے والا ہے، اے ہمارے پروردگار! میں نے میری ذریت کو ایک بے آب وگیاہ وادی میں تیرے محترم گھر کے پاس بسایا ہے، پروردگارر! تاکہ وہ نماز قائم کریں، پس لوگوں کے دلوں کو ان کی طرف مائل کر، اور ان کو میوے عطاء کرتا کہ وہ شکر کریں۔)

اللہ عزوجل نے اپنے نبی کی یہ دعاء قبول فرمائی اور اس کو امن والا شہر بنا کر

ساری دنیا کے مسلمانوں کا دل اس جانب مائل فرمادیا اور ہر قسم کی نعمتوں سے اس شہر کو مالا مال کردیا۔

یہاں پہنچ کر غسل کرلیں، کیوں کہ حضرت ابن عمر رضی اللہ عنہ کا معمول تھا کہ وہ جب مکہ آتے تو مقام ذی طوی میں رات گزارتے اور صبح کو غسل کرتے پھر دن کے وقت مکہ میں داخل ہوتے اور اس بات کو رسول اللہ صلی اللہ علیہ وسلم کے حوالے سے بیان کرتے۔ (۱)

کعبۂ مقدسہ پر

پھر کعبے کی طرف ''تلبیہ'' پڑھتے ہوئے آئیں اور نہایت خشوع وخضوع سے اور اللہ کے جلال وعظمت کا تصور کرتے ہوئے آئیں، یہی اسلاف کرام وصالحین کا طریقہ تھا۔ ایک خاتون کے بارے میں لکھا ہے کہ وہ مکۃ المکرّمۃ حاضر ہوئیں اور معلوم کیا کہ میرے رب کا گھر کہاں ہے؟ لوگوں نے کہا کہ ابھی تو دیکھ لے گی۔ پس جب اللہ کا گھر نظر آنے لگا تو اس کو بتایا گیا کہ یہ ہے بیت اللہ، پس وہ شوق سے دوڑ کر گئی اور کعبے کی دیوار سے لپٹ گئی اور جب اس کو اٹھایا گیا تو وہ مردہ پائی گئی۔ (۲)

اور حضرت شبلی رحمہ اللہ کا واقعہ ہے کہ جب انھوں نے کعبے کو دیکھا تو ان پر شدت شوق کی وجہ سے بے ہوشی طاری ہوگئی۔ الغرض بے حد شوق ومحبت کے ساتھ اور اللہ کی عظمت وجلالت کے تصور کے ساتھ کعبے کی جانب آئیں۔

اور مسجد حرام میں دایاں پیر اولاً پھر بایاں پیر رکھیں، مسجد میں داخل ہونے کی دعاء پڑھیں:

---

(۱) مسلم: ۳۲۰۴، ابوداؤد: ۱۸۶۷

(۲) صفة الصفوة: ۴/۴۱۶، المدهش لابن الجوزی: ۱۴۸

" بِسْمِ اللّٰهِ وَالصَّلَاةُ وَالسَّلَامُ عَلٰی رَسُوْلِ اللّٰهِ ،أَللّٰهُمَّ افْتَحْ لِیْ أَبْوَابَ رَحْمَتِکَ."

پھر جب اللہ کے مقدس گھر کعبہ پر نظر پڑے ہاتھ اٹھا کر "اللّٰہ اکبر" کہیں پھر یہ دعاء پڑھیں:

" اللّٰهُمَّ زِدْ هٰذَا الْبَيْتَ تَعْظِيْماً وَّ تَشْرِيْفاً وَّ تَكْرِيْماً وَّ مَهَابَةً وَّ زِدْ مَنْ شَرَّفَهٗ وَكَرَّمَهٗ مِمَّنْ حَجَّهٗ وَاعْتَمَرَهٗ تَشْرِيْفاً وَّ تَكْرِيْماً وَّ تَعْظِيْماً وَّ بِرًّا، اللّٰهُمَّ أَنْتَ السَّلَامُ وَ مِنْكَ السَّلَامُ ، فَحَيِّنَا رَبَّنَا بِالسَّلَامِ."

(اے اللہ! اس گھر کی عظمت وشرافت وکرامت وبڑائی کو بڑھا دیجیے اور جو لوگ حج وعمرے کر کے اس گھر کی عزت واکرام کرتے ہیں ان کی بھی شرافت وکرامت وعظمت وبھلائی بڑھا دیجیے، اے اللہ! آپ سلام ہیں اور سلامتی آپ ہی کی جانب سے ہے، پس اے ہمارے رب! ہمیں سلامتی کے ساتھ زندہ رکھ۔)(۱)

اس کے بعد دعا کریں، یہ قبولیت کا مقام ہے،علامہ نووی رحمہ اللہ نے لکھا ہے کہ کعبے کو دیکھنے کے وقت مسلمان کی دعاء کا قبول ہونا وارد ہوا ہے۔اور الجوہرۃ النیرۃ میں ہے کہ کعبہ کو دیکھنے کے وقت کی دعاء مقبول ہے۔(۲)

لہٰذا اپنے لیے،اپنے متعلقین کے لیے اور تمام اہل اسلام کے لیے خوب خشوع

---

(۱) مصنف ابن ابی شیبة: ۴/۹۷،مسند شافعی: ۱۲۶،السنن الکبری بیهقی: ۵/۷۳، میں ہے کہ اللہ کے نبی جب کعبے میں داخل ہوتے تو یہ دعاء پڑھتے تھے۔لیکن یہ حدیث منقطع وضعیف ہے

(۲) الاذکار: ۱۹۴،الجوهرة النیرة: ۱/۲۲۲

وخضوع سے دعائیں کریں۔سلف صالحین نے اس وقت دعاء کا اہتمام کیا ہے اور جامع دعاء کا انتخاب کیا ہے۔امام ابوحنیفہ رحمہ اللہ سے کسی نے پوچھا کہ کعبہ پرنظر کے وقت کیا دعاء کروں؟ آپ نے فرمایا کہ یہ دعاء کرلینا کہ اے اللہ! اب جو بھی دعا کروں وہ قبول فرمالیجئے۔لہٰذا دعائیں کرنے کے بعداب آگے بڑھتے ہوئے کعبے کے پاس طواف کے لیے آئیں۔

بیت اللہ ومسجد حرام کی فضیلت

یاد رہے کہ اب آپ ایک ایسی جگہ ہیں جس سے بڑھکر کوئی مقام نہیں، محمد بن سوقۃ رحمہ اللہ کہتے ہیں کہ ہم حضرت سعید بن جبیر رضی اللہ عنہ کے ساتھ کعبے کے سایے میں بیٹھے تھے، حضرت سعید رضی اللہ عنہ نے فرمایا:

« أَنْتُمُ الْآنَ فِي أَكْرَمِ ظِلٍّ عَلٰى وَجْهِ الْأَرْضِ. »

(آج تم لوگ زمین کے سب سے زیادہ قابل اکرام سایے میں ہو۔)(۱)

اللہ نے آپ کی دیرینہ تمنا پوری کی اور یہاں پہنچا دیا لہٰذا شکر کیجئے۔یہ وہ اللہ کا گھر ہے جس کو اللہ تعالی نے آسمان وزمین کی پیدائش سے بھی پہلے فرشتوں کے ہاتھوں بنایا، پھر حضرت آدم علیہ السلام نے اس کو تعمیر کیا اور وہ حضرت نوح علیہ السلام کے زمانے میں طوفان کی نظر ہوگیا، پھر آج سے تقریباً دس ہزار سال سے بھی زائد عرصہ ہوا کہ حضرت ابراہیم خلیل اللہ علیہ السلام نے اپنے لخت جگر حضرت اسماعیل ذبیح اللہ علیہ السلام کو ساتھ لے کر تعمیر کیا تھا۔(۲)

---

(۱) اخبار مکہ ازرقی:۱۹۰/۲

(۲) تفصیل کے لئے دیکھو اخبار مکۃ ازرقی

اور یہ روئے زمین پر پہلا گھر ہے جو عبادت کے لئے بنایا گیا، جیسا کہ قرآن کہتا ہے:

﴿ اِنَّ اَوَّلَ بَيْتٍ وُّضِعَ لِلنَّاسِ لَلَّذِىْ بِبَكَّةَ مُبٰرَكًا وَّهُدًى لِّلْعٰلَمِيْنَ فِيْهِ اٰيٰتٌ بَيِّنٰتٌ مَّقَامُ اِبْرٰهِيْمَ وَمَنْ دَخَلَهٗ كَانَ اٰمِنًا﴾

(آل عمران :۹۶)

(بلا شبہ سب سے پہلا گھر جو لوگوں کے لیے بنایا گیا وہ وہ ہے جو مکہ شہر میں ہے، برکتوں والا اور تمام عالموں کے لیے ہدایت دینے والا، اس میں کھلی ہوئی نشانیاں ہیں، ان میں سے ایک مقام ابراہیم ہے۔)

اور اس گھر کے اطراف جو مسجد ہے اس کو مسجد حرام کہتے ہیں، حرام کے معنے ''محترم'' کے ہیں، یہ مسجد بہت ہی قابل احترام ہے اس لیے اس کو مسجد حرام کہتے ہیں، اس مسجد کا ذکر قرآن میں آیا ہے:

﴿سُبْحٰنَ الَّذِىْٓ اَسْرٰى بِعَبْدِهٖ لَيْلاً مِّنَ الْمَسْجِدِ الْحَرَامِ اِلَى الْمَسْجِدِ الْاَقْصَى الَّذِىْ بٰرَكْنَا حَوْلَهٗ لِنُرِيَهٗ مِنْ اٰيٰتِنَا، اِنَّهٗ هُوَ السَّمِيْعُ الْبَصِيْرُ﴾

(پاک ہے وہ ذات جس نے اپنے بندے کو راتوں رات مسجد حرام سے اس مسجد اقصیٰ تک سیر کرائی جس کے اطراف واکناف ہم نے برکتیں رکھی ہیں تاکہ ہم ان کو ہماری نشانیاں دکھائیں۔)

بیت اللہ و مسجد حرام میں نماز پڑھنے کا بہت بڑا ثواب ہے، حدیث میں اللہ کے رسول صَلَّى اللهُ عَلَيْهِ وَسَلَّمَ نے ارشاد فرمایا:

« صَلَاةٌ فِي الْمَسْجِدِ الْحَرَامِ أَفْضَلُ مِنْ مِائَةِ أَلْفِ

صَلاۃٍ فِیمَا سِوَاہُ.»

(مسجد حرام میں ایک نماز دوسری مسجدوں میں ایک لاکھ نمازوں سے افضل ہے۔)(۱)

اور کعبے کو دیکھنا بھی عبادت ہے ،ایک حدیث میں ہے کہ اللہ کے نبی صَلَّی اللّٰہُ عَلَیْہِ وَسَلَّم نے فرمایا:

« یَنْزِلُ اللّٰہُ عَلٰی أَھْلِ الْمَسْجِدِ مَسْجِدِ مَکَّۃَ کُلَّ یَوْمٍ عِشْرِیْنَ وَمِائَۃَ رَحْمَۃٍ سِتِّیْنَ مِنْھَا لِلطَّائِفِیْنَ، وَأَرْبَعِیْنَ لِلْمُصَلِّیْن ، وَعِشْرِیْنَ مِنْھَا لِلنَّاظِرِیْنَ.»

(اللہ تعالی ہر روز مکہ کی مسجد یعنی کعبے پر ایک سو بیس رحمتیں نازل فرماتے ہیں ،جن میں سے ساٹھ طواف کرنے والوں کو ،چالیس نماز پڑھنے والوں کو اور بیس کعبے کو دیکھنے والوں کو دی جاتی ہیں ۔)(۲)

ابن عباس رَضِیَ اللّٰہُ عَنْہُ نے فرمایا:

« اَلنَّظَرُ إِلَی الْکَعْبَۃِ مَحْضُ الْإِیْمَانِ.»

(کعبے کو دیکھنا خالص ایمان ہے۔)

اور حضرت مجاہد رَحِمَہُ اللّٰہُ نے کہا:

"اَلنَّظَرُ إِلَی الْکَعْبَۃِ عِبَادَۃٌ، وَدُخُوْلٌ فِیْھَا دُخُوْلٌ فِي حَسَنَۃٍ وَخُرُوْجٌ مِنْھَا خُرُوْجٌ مِنْ سَیِّئَۃٍ."

---

(۱) مسند الحمیدی: ۱۵۴/۲،السنن الکبری للبیھقی: المطالب العالیة: ۴۵۹/۱، مشکل الآثار طحاوی: ۷۸/۲

(۲) معجم اوسط طبرانی: ۲۴۸/۲،سنن کبری بیھقی: الفتح الکبیر للسیوطی: ۳۳۸/۱

(کعبے کو دیکھنا عبادت ہے اور اس میں داخل ہونا نیکی میں داخل ہونا اور اس سے نکلنا برائی سے نکلنا ہے۔)

اور ابن المسیب رحمۃ اللہ نے کہا کہ جس نے کعبہ کو ایمان ویقین کے ساتھ دیکھا وہ اس طرح لوٹے گا جیسے آج ہی اس کی ماں نے جنا ہو۔(۱)

الغرض ایک نہایت مبارک ومقدس مقام پر اللہ نے پہنچایا ہے، جس کی قدر کرتے ہوئے اور اللہ کا شکر کرتے ہوئے اس کے حقوق کو ادا کرنے کا اہتمام کرنا چاہئے۔

عمرے کے فرائض وواجبات

اب اس مقدس کام کا وقت ہے جس کے لئے آپ نے دعائیں کی تھیں، ہوسکتا ہے کہ اس کی آرزو اور شوق میں رات رات بھر سویا نہ ہو اور جس کے لیے یہ سفر آپ نے کیا، یعنی ''عمرہ''، لہٰذا جان لیں کہ عمرے میں دو باتیں فرض ہیں: ایک فرض احرام باندھنا کہ یہ شرط ہے اور اس کے بغیر عمرہ نہیں ہوسکتا اور احرام کے لیے نیت کرنا اور تلبیہ پڑھنا شرط ہے، دوسرا فرض طواف کرنا کہ یہ رکن ہے اور طواف کے لیے بھی نیت کرنا شرط ہے۔ اور عمرے میں دو ہی باتیں واجب ہیں: ایک صفا اور مروہ کے درمیان سعی کرنا اور دوسرے بال منڈوانا یا کٹانا۔

طواف کی فضیلت

لہٰذا اب آپ طواف کے لیے تیار ہو جائیں اور ذہن میں رکھئے کہ طواف بہت بڑی عبادت ہے اور اس کی فضیلت میں حدیث میں ہے کہ رسول اللہ صلی اللہ علیہ وسلم نے فرمایا:

---

(۱) اخبار مکۃ للازرقی: ۲/۱۲۴-۱۲۷

«مَنْ طَافَ بِالْبَيْتِ وَ صَلّٰى رَكْعَتَيْنِ كَانَ كَعِتْقِ رَقَبَةٍ.»
(جس نے بیت اللہ کا طواف کیا اور دو رکعتیں پڑھیں تو وہ ایسا ہے جیسے ایک غلام آزاد کیا ہو۔)(۱)

اور طواف بھی در حقیقت نماز ہی ہے، جیسا کہ ایک حدیث میں ہے کہ رسول اللہ صَلَّى اللهُ عَلَيْهِ وَسَلَّم نے فرمایا کہ:

« الطَّوَافُ حَوْلَ الْبَيْتِ صَلَاةٌ اِلَّا اَنَّكُمْ تَتَكَلَّمُوْنَ فِيْهِ، فَمَنْ تَكَلَّمَ فِيْهِ فَلَا يَتَكَلَّمُ اِلَّا بِخَيْرٍ.»
(بیت اللہ کے گرد طواف نماز ہے؛ مگر یہ کہ تم اس میں بات چیت کر سکتے ہو؛ لہٰذا جو اس میں بات کرنا چاہے اس کو چاہیئے کہ خیر کے سوا کوئی بات نہ کرے۔)(۲)

اس لیے نماز کے شرائط و آداب کی رعایت کے ساتھ طواف کریں اللہ کی عظمت و جلالت کا خیال ہو، وضو کے ساتھ ہوں، نگاہیں نیچی اور سامنے ہوں، ادھر ادھر نہ دیکھیں، دنیا کی باتیں نہ کریں۔

طواف کیسے کریں؟

طواف کے لیے سب سے پہلے حجر اسود کے پاس آئیں اور حجر اسود سے ذرا پہلے کھڑے ہوکر کعبہ کی جانب رخ کرلیں اور طواف کی نیت کریں، نیت کے بعد کعبہ ہی کی طرف رخ کرکے ذرا آگے بڑھیں اور حجر اسود پر آئیں اور کانوں تک ہاتھ اُٹھا کر تین مرتبہ "بِسْمِ اللّٰهِ، اللّٰهُ أَكْبَر لا اِلٰهَ الا اللّٰهُ، وَلِلّٰهِ الْحَمْدُ،

---

(۱) ابن ماجه: ۲۹۵۶

(۲) ترمذي و نسائي، كذا في جامع الاصول: حديث: ۱۴۶۵

وَالصَّلَاةُ وَالسَّلَامُ عَلٰی رَسُوْلِ اللّٰہِ" کہیں اور یہ دعا پڑھیں: "اَللّٰھُمَّ اِیْمَاناً بِکَ وَ تَصْدِیْقاً بِکِتَابِکَ وَ اتِّبَاعاً بِسُنَّۃِ نَبِیِّکَ" (۱)

پھر ممکن ہو اور آسانی سے میسر ہو سکے تو حجر اسود کا بوسہ لیں اور اگر مجمع زیادہ ہو اور مجمع میں گھسنے سے دوسروں کو تکلیف ہونے کا امکان ہو تو دور ہی سے "استلام" کرے، یعنی ہاتھوں کو دور ہی سے اس طرح رکھے جیسے حجر اسود پر رکھے ہوں اور اپنے داہنے ہاتھ کو بغیر آواز کے بوسہ دیں۔ اس کے بعد اپنی بائیں جانب پھر جائیں اور کعبہ کو اپنی دائیں جانب رکھتے ہوئے طواف شروع کریں اور اس طرح سات چکر لگائیں، ایک چکر حجر اسود سے شروع ہو کر حجر اسود پر پر ختم کریں اور جب رکن یمانی پر آئیں تو اس کو ایک یا دونوں ہاتھوں سے چھوئیں مگر بوسہ نہ دیں کہ یہ سنت نہیں ہے، اور جب حجر اسود پر آئیں تو پہلی دفعہ کی طرح ہاتھ اٹھائے بغیر کعبہ کی طرف چہرہ کریں اور "بِسْمِ اللّٰہِ، اَللّٰہُ أَکْبَرُ" کہہ کر حجر اسود کا بوسہ لیں یا مجمع زیادہ ہو تو صرف دور ہی سے استلام کریں اور سات چکروں کے بعد جب آخری مرتبہ ختم طواف پر حجر اسود پر آئیں تو آٹھویں مرتبہ بھی اس کا ستلام کریں۔ طواف کے لئے تصویر دیکھئے:

---

(۱) سنن کبری بیہقی: ۷۹/۵، معجم کبیر طبرانی: ۸۲۶

اور عمرے کا طواف کرنے والے مردوں کو طواف میں دو کام اور کرنے ہیں :
ایک یہ کہ طواف کے تمام چکروں میں ''اضطباع'' بھی کرنا چاہئے ، اور اضطباع یہ ہے کہ احرام کی اوپر والی چادر کو اپنے داہنے ہاتھ کے بغل کے نیچے سے نکال کر اس کا کنارہ بائیں مونڈھے پر ڈال لیں اور داہنا مونڈھا کھلا رکھیں۔

اور دوسرا کام یہ ہے کہ طواف کے اول تین چکروں میں ''رمل'' کرے اور رمل کا

مطلب یہ ہے کہ ذرا اکڑ کر اور اپنے شانوں کو پہلوانوں کی طرح ہلا کر تیزی کے ساتھ قدموں کو قریب قریب رکھ کر چلے۔

اور یاد رہے کہ یہ دونوں باتیں صرف مردوں کو سنت ہیں، عورتوں کے لیے سنت نہیں ہیں؛ لہٰذا عورتیں نہ اضطباع کریں اور نہ رمل کریں۔ حضرت عائشہ رضی اللہ عنہا سے مروی ہے کہ انھوں نے عورتوں کو رمل کرتے ہوئے دیکھا تو فرمایا کہ ''کیا تمہارے لیے ہم میں نمونہ نہیں ہے؟ تم پر سعی یعنی رمل نہیں ہے۔''(۱)

اسی طرح حضرت ابن عمر رضی اللہ عنہ سے مروی ہے کہ انھوں نے کہا کہ: عورتوں پر بیت اللہ کے طواف میں رمل اور صفا و مروہ میں سعی نہیں ہے۔(۲)

طواف کے بعض مسائل

طواف میں یہ باتیں واجب ہیں: پاکی ہونا، یعنی بڑی پاکی غسل و چھوٹی پاکی یعنی وضو کا ہونا، شرمگاہ کا چھپا ہوا ہونا، چلنے کی طاقت ہو تو چل کر طواف کرنا، داہنی طرف سے طواف کرنا، حطیم کو شامل کر کے طواف کرنا۔

اور یہ باتیں سنت ہیں: حجر اسود کا استلام کرنا، عمرہ کے طواف میں مردوں کو میں اضطباع کرنا، عمرہ کے طواف میں مردوں کو پہلے تین چکروں مین رمل کرنا، حجر اسود پر کھڑے ہو کر ہاتھ اٹھانا، حجر اسود سے طواف شروع کرنا، تمام چکروں کا پے در پے کرنا۔(۳)

---

(۱) سنن بیھقی مع الجوھر النقی: ۵/۴۸

(۲) مسند الشافعی: ۱۴۰، سنن بیھقی مع الجوھر النقی: ۵/۴۸

(۳) معلم الحجاج: ۱۲۸

طواف میں ان باتوں کا خیال رکھیں

طواف میں ان باتوں کا خیال رکھنا چاہئے:

طواف میں دعاء، استغفار اور ذکر کا اہتمام کریں اور جب رکن یمانی و حجر اسود کے درمیان میں ہوں تو ''رَبَّنَا اٰتِنَا فِي الدُّنْيَا حَسَنَةً وَّفِي الْاٰخِرَةِ حَسَنَةً وَّ قِنَا عَذَابَ النَّارِ'' پڑھیں۔(۱)

اور یاد رہے کہ اس کے علاوہ طواف کی کوئی خاص دعاء حدیث میں وارد نہیں ہے اور ہر ہر چکر کی بھی کوئی مخصوص دعا منقول نہیں ہے؛ لہٰذا جو بھی دل میں آئے اللہ سے مانگیں یا کوئی بھی قرآن یا حدیث کی دعا بلا تخصیص پڑھنا چاہیں تو پڑھ سکتے ہیں۔

طواف کے دوران نگاہیں اپنے سامنے اور نیچی ہوں، ادھر ادھر نہ دیکھیں اور کعبہ کی جانب بھی نہ دیکھیں، بعض لوگ کعبے کو دیکھ کر طواف کرتے ہیں، یہ صحیح نہیں ہے۔

طواف میں کعبہ کا رخ صرف اس وقت کرنا چاہئے جب حجر اسود پر پہنچیں، اس کے علاوہ کسی اور جگہ کعبے کی طرف رخ کرنے سے طواف فاسد ہو جاتا ہے، لہٰذا اس کا بہت خیال رکھیں۔

بعض لوگ اپنی لاعلمی و ناواقفیت کی وجہ سے طواف میں کعبہ کو جگہ جگہ سے لپٹ جاتے ہیں، کبھی رکن یمانی کے پاس، کبھی رکن عراقی کے پاس، یہ بھی صحیح نہیں؛ بل کہ اس سے طواف فاسد ہو جاتا ہے، رکن یمانی کو بغیر اس کی طرف رخ کیے صرف چھونے کا حکم ہے۔

طواف میں کسی کو تکلیف نہ پہنچائیں، مجمع زیادہ ہو تو اطمینان کے ساتھ چلیں، درمیان میں نہ گھسیں، اسی طرح حجر اسود کو بوسہ دینے کے لیے بھی کسی کو تکلیف نہ

---

(۱) ابوداؤد: ۱۸۹۲، مسند احمد: ۳/۴۱۱، مسند الشافعی: ۱۴۰

دیں، کہ کسی کو تکلیف دینا حرام ہے، خصوصاً بوڑھوں، ضعیفوں، بیماروں کو تکلیف دینا اور بھی برا ہے۔ حدیث میں ہے کہ رسول اللہ صَلَّی اللّٰہ عَلَیْہِ وَسَلَّم نے حضرت عمر رضی اللہ عنہ سے فرمایا کہ: اے عمر رضی اللہ عنہ! تو قوی آدمی ہے؛ لہٰذا کمزور کو حجر اسود کے پاس تکلیف نہ دینا، اگر خالی ہو تو بوسہ دینا ورنہ صرف استلام کر لینا۔ (۱)

عورتوں کو چاہیے کہ طواف میں پردے کا خیال رکھیں اور مردوں سے الگ کنارے کنارے سے طواف کریں، ان کو مردوں کے درمیان گھسنا جائز نہیں۔ حضرت ام المومنین عائشہ رضی اللہ عنہا کی ایک آزاد شدہ باندی نے ایک بار آکر حضرت عائشہ رضی اللہ عنہا سے بتایا کہ میں نے بیت اللہ کا سات مرتبہ طواف کیا اور دو یا تین مرتبہ میں نے حجر اسود کا بوسہ بھی لیا تو حضرت عائشہ رضی اللہ عنہا نے فرمایا کہ اللہ تجھے ثواب نہ دے، اللہ تجھے ثواب نہ دے، کیا تو نے مردوں کا مقابلہ کیا ہے، کیوں نہ تو ''اللہ اکبر'' کہہ کر گزر گئی۔ (۲)

ملتزم وزمزم

طواف سے فارغ ہونے کے بعد مستحب ہے کہ ملتزم پر آئیں اور اس کو چمٹ کر گڑگڑاتے ہوئے اللہ سے دعائیں مانگیں، حدیث میں ہے کہ رسول اللہ صَلَّی اللّٰہ عَلَیْہِ وَسَلَّم نے اس مقام پر پہنچ کر اسی طرح کیا تھا۔ (۳)

ملتزم کعبہ کا وہ حصہ ہے جو تقریباً ڈھائی گز کے برابر حجر اسود اور کعبے کے دروازے کے درمیان ہے، یہ مقام بھی دعاء کی قبولیت کا ہے۔ آپ صَلَّی اللّٰہ عَلَیْہِ وَسَلَّم نے فرمایا

---

(۱) سنن البیهقی مع الجوهر النقی: ۸۰/۵

(۲) سنن بیهقی مع الجوهر النقی: ۸۱/۵

(۳) ابو داود: ۲۶۱/۱، ابن ماجه: ۲۱۲/۲

کہ رکن یعنی کعبے کے دروازے اور مقام یعنی حجر اسود کے درمیان کا حصہ ملتزم ہے، کسی مصیبت زدہ بندے نے اس جگہ دعا نہیں کی مگر وہ تندرست ہوگیا۔(۱)

حضرت عمرو رضی اللہ عنہ سے مروی ہے کہ آپ صلی اللہ علیہ وسلم نے اپنا سینہ و چہرہ ملتزم سے چمٹا لیا تھا۔ اور ابن عباس رضی اللہ عنہ سے بھی روایت ہے کہ وہ ملتزم سے چمٹ جاتے تھے اور فرمایا کرتے تھے کہ جس نے بھی یہاں چمٹ کر اللہ سے کچھ سوال کیا اللہ نے اس کو ضرور عطا کیا ہے۔(۲)

لہٰذا یہاں خوب دل لگا کر دعا کریں؛ مگر یاد رہے کہ کسی کو تکلیف نہ دیں اور مجمع زیادہ ہو تو انتظار کریں یا جس قدر آسانی سے ہوسکے اس پر اکتفاء کریں۔

زمزم کے پاس آئیں اور خوب سیر ہوکر زمزم کا پانی پئیں۔ زمزم کا پانی بہت مقدس ہے اور بڑا فائدہ مند بھی، احادیث میں اس کی فضیلت میں آیا ہے کہ آپ صلی اللہ علیہ وسلم نے فرمایا:

"مَاءُ زَمْزَمَ لِمَا شُرِبَ لَهُ."

(زمزم کا پانی ہر اس چیز کے لئے ہے جس کی نیت کی جائے۔)(۳)

ایک اور حدیث میں ہے کہ رسول اللہ صلی اللہ علیہ وسلم نے زمزم کا ذکر کیا اور ارشاد فرمایا کہ: "یہ مبارک ہے، جو کھانے کا کھانا اور بیماری کی شفا ہے۔"(۴)

اس موقعہ پر اللہ سے بہترین چیز مانگنا چاہئے، ایک حدیث میں ہے کہ اللہ کے نبی صلی اللہ علیہ وسلم نے فرمایا کہ میں قیامت کے دن کی پیاس سے حفاظت کے

---

(۱) معجم کبیر طبرانی: ۱۵/۱۰

(۲) سنن الصغری للبیهقی: ۲۰۵/۲

(۳) ابن ماجه: ۳۰۶۲، مسند احمد: ۱۴۸۹۲، دار قطنی: ۲۷۳۹، سنن بیهقی: ۱۴۸/۵

(۴) مسند طیالسی: ۳۶۴/۱، سنن بیهقی: ۱۴۸/۵، مسند بزرا: ۳۶۹/۹

لئے پیتا ہوں پھر آپ نے زمزم پیا۔ (۱)

نیز امام ابن المبارک رحمہ اللہ نے جب زمزم پینا چاہا تو فرمایا کہ اے اللہ! مجھ سے عبداللہ بن المومل رحمہ اللہ نے بیان کیا کہ مجھ سے ابو الزبیر رحمہ اللہ نے بیان کیا، ان سے حضرت جابر رضی اللہ عنہ نے فرمایا کہ رسول اللہ صلی اللہ علیہ وسلم نے فرمایا کہ: زمزم کا پانی ہر اس کام کے لئے ہے جس کی نیت کی جائے ؛ لہٰذا میں قیامت کی پیاس کے لیے اس کو پیتا ہوں۔ (۲)

اس سلسلہ میں ایک لطیفہ بھی کتابوں میں لکھا ہے کہ امام حمیدی رحمہ اللہ کہتے ہیں کہ ہم حضرت سفیان بن عیینہ رضی اللہ عنہ کی خدمت میں تھے، آپ نے زمزم کی مذکورہ حدیث روایت کی، تو ایک شخص مجلس میں سے کھڑا ہوا اور جا کر پھر واپس آیا اور کہنے لگا کہ اے ابو محمد! آپ نے زمزم کے بارے میں جو حدیث بیان کی کیا وہ صحیح نہیں ہے؟ آپ نے فرمایا کہ ہاں صحیح ہے اس نے کہا کہ میں نے اس نیت سے زمزم جا کر پیا ہے کہ آپ مجھے سو حدیثیں سنائیں۔ حضرت سفیان رحمہ اللہ نے کہا کہ اچھا، بیٹھو، پھر ایک سو حدیثیں اس کو سنائیں۔ (۳)

لہٰذا خوب سیر ہو کر زمزم پئیں، پھر دو رکعت نماز "واجب الطواف" مقام ابراہیم کے پاس یا جہاں بھی مسجد حرام میں موقعہ ہو پڑھیں۔

مقام ابراہیم اور نماز طواف

مقام ابراہیم کعبے کے دروازے اور حطیم کے درمیان رکھا ہوا ہے اور اس کے

---

(۱) شعب الایمان: ۳۰/۶

(۲) معجم ابن المقری: ۳۶۱/۱

(۳) المجالسۃ للدینوری: ۳۴۲/۲، اخبار الظراف لابن الجوزی: ۱۲۱/۱

بارے میں بہت سے اقوال ہیں، ان میں سے ایک یہ ہے کہ یہ دراصل حضرت ابراہیم علیہ السلام کا وہ پتھر ہے جس پر کھڑے ہو کر آپ نے کعبۃ اللہ کی تعمیر کی تھی۔ حضرت انس رضی اللہ عنہ کہتے ہیں کہ اس پر حضرت ابراہیم علیہ السلام کے قدم کے نشانات میں نے دیکھے ہیں جو لوگوں کے چھونے کی وجہ سے مٹ گئے ہیں۔ (۱)

بہ ہر حال یہ مقام بڑا مبارک مقام ہے، یہاں دو رکعت نماز کا طواف کے بعد پڑھنا مشروع ہے۔ قرآن کریم میں اللہ تعالیٰ نے فرمایا ہے:

﴿ وَاتَّخِذُوْا مِنْ مَّقَامِ اِبْرٰهِيْمَ مُصَلًّى ﴾ (البقرة: ۱۲۵)

(اور مقام ابراہیم کو مصلی بناؤ۔)

رسول اللہ صلی اللہ علیہ وسلم نے اس جگہ آکر بعد طواف دوگانہ نماز ادا کی تھی، لہٰذا یہاں دو رکعت نماز پڑھیں، اور یہ دو رکعتیں واجب ہیں، اور ہر طواف کے بعد ان کا پڑھنا ضروری ہے۔ اور ان کو فوراً بعد طواف پڑھنا بہتر ہے اور تاخیر مکروہ ہے، ہاں اگر مکروہ وقت ہو تو مکروہ وقت نکلنے کے بعد پڑھنا چاہئے۔ تصویر دیکھئے:

الصلاة عند المقام

(۱) تفسیر ابن کثیر: ۱/۴۱۴، البحر المحیط: ۱/۵۵۲

صفا ومروہ پر

طواف اور نماز طواف ادا کرنے کے بعد اب آپ کو صفا ومروہ پر جانا ہے اور وہاں ان دو چھوٹی چھوٹی پہاڑیوں کے درمیان سعی کرنا ہے صفا ومروہ کی ان دو چھوٹی چھوٹی پہاڑیوں سے ایک مقدس تاریخ وابستہ ہے، یہیں حضرت ہاجرہ علیہا السلام نے اپنے نور نظر ولخت جگر حضرت اسماعیل علیہ السلام کے لئے ان کی شیر خوارگی کے زمانے میں پانی یا کسی قافلہ کی تلاش میں سعی کی تھی اور ان پر سات بار چکر لگایا تھا اور ان کے درمیان ایک جگہ پر دوڑی بھی تھیں، اللہ کو ان کی یہ ادا اس قدر پسند آئی کہ اللہ نے اس عمل ''سعی'' کو قیامت تک زندۂ جاوید عمل بنا دیا اور ہر عمرہ وحج کرنے والے کے لیے اس سعی کو واجب ولازم اور سعی کے درمیان دوڑنے کو سنت قرار دے دیا۔

سعی کے چند مسائل

صفا ومروہ پر سعی کرنا حنفیہ کے نزدیک واجب ہے، سعی میں سات چکر ہیں: صفا سے مروہ تک ایک چکر اور مروہ سے صفا تک دوسرا چکر شمار ہوتا ہے، اس طرح سات چکر ہونا چاہیے، سعی صفا سے شروع کر کے مروہ پر ختم کرنا واجب ہے، اگر کوئی عذر نہ ہو تو سعی پیدل چل کر کرنا چاہیے؛ لہٰذا جو لوگ بلا عذر سواری وگاڑی پر سعی کرتے ہیں ان پر دم دینا واجب ہو جاتا ہے، اگر سعی پیدل شروع کرنے کے بعد بیماری یا کمزوری کی وجہ سے چلا نہ جا سکے تو باقی سعی کو گاڑی میں پورا کر لینا جائز ہے، طواف کے فوراً بعد سعی کرنا سنت ہے، واجب نہیں ہے، سعی کے پھیروں میں ایک کے بعد دوسرے کا مسلسل کرنا سنت ہے، بلا عذر درمیان میں فاصلہ مکروہ ہے، صفا ومروہ پر چڑھنا بھی سنت ہے، لہٰذا بلا عذر اس کو ترک کرنا مکروہ ہے، سعی میں وضو کا ہونا سنت ہے، واجب نہیں، میلین اخضرین (ہرے لائٹوں) کے درمیان تیز قدموں سے چلنا بھی

سنت ہے، مگر زور زور سے دوڑنا مکروہ ہے۔ اگر کسی عذر سے کسی سواری پر سعی کریں تو میلین کے درمیان سواری کو بھی تیز کردیں، اگر سعی کے دوران نماز کھڑی ہو جائے تو نماز میں شریک ہو جائیں اور نماز کے بعد اپنی باقی سعی پوری کرلیں۔

سعی کا طریقہ

سعی کا طریقہ یہ ہے کہ طواف کے بعد باب الصفا سے نکل کر صفا پر اس قدر چڑھیں کہ وہاں سے کعبۃ اللہ نظر آجائے، بہت اوپر تک نہیں چڑھنا چاہیے اور چڑھنے سے پہلے یہ دعاء پڑھ لیں :

" أَبْدَأُ بِمَا بَدَأَ اللّٰهُ عزوجل بِهِ إِنَّ الصَّفَا وَالْمَرْوَةَ مِنْ شَعَائِرِ اللّٰهِ".

اس کے بعد صفا پر چڑھ کر قبلہ رو ہوکر، دعاء میں جس طرح ہاتھ اُٹھاتے ہیں، اس طرح ہاتھ اُٹھا کر یہ دعاء پڑھیں:

" اَللّٰهُ أَكْبَرُ ، اَللّٰهُ أَكْبَرُ، اَللّٰهُ أَكْبَرُ، لاَ إِلٰهَ إِلَّا اللّٰهُ وَحْدَهٗ لاَ شَرِيْكَ لَهٗ ، لَهُ الْمُلْكُ وَلَهُ الْحَمْدُ وَ هُوَ عَلٰى كُلِّ شَيْءٍ قَدِيْرٌ، لا إِلٰهَ إِلَّا اللّٰهُ وَحْدَهٗ أَنْجَزَ وَعْدَهٗ وَ نَصَرَ عَبْدَهٗ وَ هَزَمَ الْأَحْزَابَ وَحْدَهٗ."

(تین بار۔)(۱)

اور اس جگہ خوب دعائیں مانگیں، کہ یہ بھی قبولیت دعاء کے مقامات میں سے ایک ہے اور خشوع وخضوع کے ساتھ جو جی چاہے وہ اللہ سے مانگیں، اس کے بعد

(۱) مسلم: ۳۰۰۹، ابو داود: ۱۹۰۷، صحیح ابن خزیمہ: ۴/۲۳۰، مسند احمد: ۱۴۴۸۰

صفا سے اتر کر مروہ کی جانب معمولی چال سے چلیں اور جب میلین اخضرین (ہرے لائٹ) پر پہنچیں تو مردوں کو چاہیے کہ ذرا تیز قدموں سے دوڑیں؛ مگر بھاگ بھاگ کر نہ جائیں کہ یہ خلاف سنت ہے اور جب میلین اخضرین سے آگے نکل جائیں تو دوڑنا بھی بند کردیں اور معمولی چال سے چلیں، یہ تیز چلنے کا حکم مردوں کو ہے، عورتوں کو نہیں؛ لہٰذا عورتیں پوری سعی میں معمولی چال ہی چلیں اور جب مروہ تک پہنچیں تو پھر وہی دعاء پڑھیں جو صفا کے پاس پڑھی تھی یعنی:

" أَبْدَأُ بِمَا بَدَأَ اللّٰهُ عزوجل بِهِ إِنَّ الصَّفَا وَالْمَرْوَةَ مِنْ شَعَائِرِ اللّٰهِ. "

اس کے بعد مروہ پر چڑھ کر ہاتھ اُٹھا کر یہ دعاء پڑھیں:

" اَللّٰهُ أَكْبَرُ ، اَللّٰهُ أَكْبَرُ، اَللّٰهُ أَكْبَرُ، لاَ إِلٰهَ إِلَّا اللّٰهُ وَحْدَهُ لاَ شَرِيْكَ لَهُ ، لَهُ الْمُلْكُ وَلَهُ الْحَمْدُ وَ هُوَ عَلٰى كُلِّ شَيْءٍ قَدِيْرٌ، لَا إِلٰهَ إِلَّا اللّٰهُ وَحْدَهُ اَنْجَزَ وَعْدَهُ وَ نَصَرَ عَبْدَهُ وَ هَزَمَ الْأَحْزَابَ وَحْدَهُ".

(تین بار) (۱)

یہاں بھی خشوع وخضوع کے ساتھ جو جی چاہے وہ اللہ سے مانگیں۔ یہ ایک چکر ہوگیا پھر مروہ سے اتر کر صفا کی طرف کو چلیں اور وہی دعائیں پڑھیں جو اوپر بتائی گئی ہیں، اس طرح سات چکر پورے کریں اور ساتویں چکر کے بعد مروہ سے اتر کر مسجد حرام میں آکر دو رکعت نماز پڑھنا مستحب ہے۔

---

(۱) مسلم

سعی کی غلطیاں

سعی میں لوگوں سے بعض غلطیاں ہو جاتی ہیں ان کی اصلاح کر لینا چاہیے:

بعض لوگ یہ سمجھتے ہیں کہ سعی میں ایک چکر صفا سے شروع ہو کر صفا پر ختم ہوتا ہے، یہ بات غلط ہے، سعی صفا سے مروہ تک ایک چکر اور مروہ سے صفا تک دوسرا چکر ہوتا ہے۔

بعض لوگ صفا و مروہ پر اس طرح ہاتھ اٹھاتے ہیں جیسے نماز میں کانوں تک اٹھائے جاتے ہیں، یہ بھی غلط ہے؛ بل کہ یہاں ہاتھ اس طرح اٹھانا چاہیے جیسے دعاء میں سینہ تک اٹھاتے ہیں۔

بعض لوگ پوری سعی میں تیز تیز چلتے ہیں اور بعض بھاگتے رہتے ہیں، یہ دونوں باتیں صحیح نہیں ہیں؛ بل کہ صرف میلین اخضرین کے درمیان تیز چلنا چاہیے۔

عورتیں بھی سعی میں بھاگتی رہتی ہیں، حالاں کہ عورت کو معمولی چال چالنا چاہئے۔

عمرے کا آخری عمل

سعی کے بعد عمرے کا صرف ایک کام باقی رہ جاتا ہے اور وہ ہے حلق یا قصر۔ حلق کے معنے سر کے بال مونڈنا اور قصر کے معنے ہیں سر کے بال کٹانا۔ لہٰذا جب سعی سے فارغ ہو جائیں تو نماز پڑھ کر سر کے بال مونڈ ڈالیں اور مونڈنا افضل ہے یا کم از کم ایک ربع یعنی پاؤ سر کے بالوں کو کٹا دیں۔ یاد رہے کہ سر کے ایک چوتھائی بالوں کا منڈانا یا کٹانا لازم ہے، اس سے کم سے احرام نہیں کھل سکتا۔

تمام سر کے بال منڈانا سنت ہے اور یہ کٹانے سے افضل ہے۔

اگر بال کٹانا ہو تو ایک انگل سے زیادہ بال کٹائیں تا کہ چھوٹے بڑے سب بال

کٹ جائیں۔

لیکن یہ منڈانے کا حکم مردوں کے لیے ہے اور عورت کے لیے صرف قصر یعنی کٹانے کا حکم ہے اور عورتیں اپنے بالوں میں سے ایک انگل کے برابر اس طرح کاٹیں کہ سارے سر کے یا کم از کم چوتھائی سر کے بال کٹ جائیں۔

الغرض جب سر کے بال منڈا دیں یا کٹا دیں تو آپ احرام سے حلال ہو جائیں گے اور وہ سب امور جو احرام کی وجہ سے ممنوع ہو گئے تھے وہ اب جائز و حلال ہو جائیں گے اور جب تک یہ عمل مکمل نہیں ہوگا احرام باقی رہے گا اور جب سر کے بال منڈا دیں یا کٹا دیں تو آپ کا عمرہ مکمل ہو جائے گا۔

بسم اللہ الرحمن الرحیم

زیارت مدینہ

حج یا عمرے کے سفر میں ایک نہایت بڑی فضیلت و مہتم بالشان عبادت زیارت مدینہ بھی ہے کہ آقائے نامدار سید الکائنات حضور پر نور سرور عالم صلی اللہ علیہ وسلم کے روضہ اقدس و مسجد مقدس کی زیارت کی جائے۔ اگرچہ اس کو حج یا عمرے کے ارکان سے کوئی تعلق نہیں ہے؛ لیکن جب اللہ تعالی کسی کو اس مقدس سرزمین میں حاضری کی سعادت بخشے تو اس سفر میں ''زیارت مدینہ'' کو بھی شامل کرلینا حج وعمرے کی قبولیت کا عمدہ ذریعہ ہے اور بذات خود بھی ایک بہترین عبادت ہے۔ پھر ذرا سوچیے کہ کون مسلمان ایسا ہوگا کہ حج یا عمرے کو جائے اور مدینہ کو اپنے سفر میں شامل نہ کرے الا یہ کہ کوئی عذر پیش آجائے۔

فضائل مدینہ

مدینہ پاک وہ مبارک بقعہ ہے جہاں ہمارے نبی حضرت محمد صلی اللہ علیہ وسلم نے ہجرت کرکے اپنی زندگی کے دس سال گزارے اور اللہ کے آسمانی پیغام کو اپنی خداداد صلاحیت و بصیرت سے پورے عرب میں پہنچادیا اور زمین پر بسنے والے کروڑوں بے راہ لوگوں کو ہدایت سے روشناس فرمایا۔ نیز مدینہ وہ شہر ہے جہاں خود اللہ کے نبی کا روضہ ہے، جہاں مسجد نبوی ہے، جہاں مسجد قبا ہے، جہاں روضۃ الجنۃ ہے۔ لہذا مدینہ منورہ کو پوری عظمت و محبت، عشق و نیاز کے ساتھ با ادب و احترام

حاضر ہونا چاہیے۔

المدینۃ المنورۃ کے بہت سے فضائل احادیث مبارکہ میں وارد ہوئے ہیں، ایک حدیث میں فرمایا گیا کہ: مدینہ لوگوں کو اس طرح صاف و پاک کردیتا ہے جس طرح بھٹی لوہے کو صاف کردیتی ہے۔ (۱)

ایک حدیث میں ہے کہ رسول اللہ صَلَّى اللهُ عَلَيْهِ وَسَلَّم نے دعاء کی:

« اَللّٰهُمَّ حَبِّبْ إِلَيْنَا الْمَدِيْنَةَ كَحُبِّنَا مَكَّةَ أَوْ أَشَدّ. »

(اے اللہ! مدینہ کو ہمارے لیے مکہ کی طرح یا اس سے بھی زیادہ محبوب بنادے۔)(۲)

ایک حدیث میں ہے کہ رسول اللہ صَلَّى اللهُ عَلَيْهِ وَسَلَّم نے فرمایا:

« مَنِ اسْتَطَاعَ مِنْكُمْ أَنْ يَّمُوْتَ بِالْمَدِيْنَةِ فَلْيَمُتْ فَإِنِّي أَشْفَعُ لَهُ أَوْ أَشْهَدُ لَهُ. »

(تم میں سے جو شخص مدینہ میں مرسکتا ہو وہ مدینہ میں مرے، کہ میں اس کے حق میں شفاعت کروں گا یا یہ فرمایا کہ میں اس کے حق میں گواہی دوں گا۔)(۳)

لہٰذا مدینہ طیبہ کا سفر ایک مسلمان کے لئے جس قدر باعث خوشی ومسرت ہوسکتا ہے اور جس طرح جذبات عشق ومحبت سے لبریز ہوسکتا ہے اس کا اندازہ کرنا مشکل ہے، اس سب کے ساتھ جب وہ اس جیسی حدیث پڑھتا ہے کہ رسول اللہ

---

(۱) بخاري: ۱۸۷۱، صحیح ابن حبان: ۳۷۲۳

(۲) بخاري: ۱۸۸۹، صحیح ابن حبان: ۳۷۲۳، مسند احمد: ۲۴۳۳۳

(۳) السنن الکبری للنسائي: ۴۲۷۱، واللفظ له شعب الایمان: ۶/۶۲

صلی اللہ علیہ وسلم نے فرمایا:

« مَنْ حَجَّ فَزَارَ قَبْرِي بَعْدَ وَفَاتِي فَكَأَنَّمَا زَارَنِي فِي حَيَاتِي. »

(جس نے میری وفات کے بعد حج کیا اور پھر میری قبر کی زیارت کی تو اس نے گویا میری زندگی میں میری زیارت کی۔)

اور ایک حدیث میں یہ:

« مَنْ زَارَ قَبْرِي وَجَبَتْ لَهُ شَفَاعَتِي. »

(جس نے میری قبر کی زیارت کی اس کے لیے میری شفاعت واجب ہوگئی۔)(۱)

اور یہ کہ آپ صلی اللہ علیہ وسلم نے فرمایا:

« مَنْ حَجَّ فَلَمْ يَزُرْنِي فَقَدْ جَفَانِي. »

(جس نے حج کیا اور میری زیارت کو نہیں آیا اس نے مجھ سے بے وفائی کی۔)(۲)

یہ احادیث اگرچہ ضعیف ہیں مگر متعدد ہونے کی وجہ سے قابل احتجاج ہیں، سیوطی رحمہ اللہ نے فرمایا کہ اس کو ابن الجوزی رحمہ اللہ نے موضوعات میں داخل کیا مگر یہ صحیح نہیں، کنز العمال میں بھی اسی طرح ہے اور علامہ حسن بن احمد الصنعانی رحمہ اللہ نے فتح الغفار میں فرمایا کہ: اس کے شواہد ضعیفہ موجود ہیں جو ایک دوسرے کو تقویت دیتے ہیں اور تمام شہروں میں مسلمانوں کا عمل بھی اسی پر ہے۔(۳)

---

(۱) دار قطني: ۲۶۹۳-۲۶۹۵، اتحاف الزائر لابن عساكر: ۲۰-۲۵

(۲) جامع الاحاديث للسيوطي: ۲۱۹۹۷، كنز العمال: ۱۲۳۶۸

(۳) فتح الغفار: ۷۸۴/۲

علامہ عبدالحی لکھنوی رَحِمَہُ اللّٰہُ نے اسی لیے فرمایا کہ: یہ احادیث اگرچہ کہ ضعیف ہیں؛ لیکن ان میں سے بعض ضعف قادح سے سالم ہیں اور ان کے مجموعہ سے قوت حاصل ہوجاتی ہے، جیسا کہ حافظ ابن حجر رَحِمَہُ اللّٰہُ نے "التلخیص الحبیر" میں اور علامہ تقی الدین السبکی رَحِمَہُ اللّٰہُ نے "شفاء السقام" میں تحقیق کی ہے اور ان کے بعض معاصرین اور وہ ابن تیمیہ رَحِمَہُ اللّٰہُ ہیں انھوں نے غلطی کی کہ یہ گمان کرلیا کہ اس باب میں وارد تمام احادیث ضعیف بلکہ موضوع ہیں۔ (۱)

الغرض مدینہ کا سفر اور آنحضرت صَلَّی اللّٰہُ عَلَیْہِ وَسَلَّم کی قبر شریف کی زیارت ایک نہایت مبارک عمل ہے جس کی ہر مومن کے دل میں خواہش و آرزو ہوتی ہے۔

مسجد نبوی و ریاض الجنۃ میں

جب مدینہ طیبہ میں حاضر ہوں تو سب سے پہلے غسل کرکے پاک و صاف لباس پہن کر عطر سے معطر ہوکر مسجد نبوی حاضر ہوں اور مسجد کے داخلہ کے آداب کا پورا لحاظ کرتے ہوئے دعاء پڑھ کر داخل ہوں اور بہتر ہے کہ باب جبریل سے داخل ہوں، پھر ریاض الجنۃ میں آئیں۔

مسجد نبوی وہ مسجد ہے جس کی بنیاد اللہ کے حکم سے خود حضرت نبی کریم صَلَّی اللّٰہُ عَلَیْہِ وَسَلَّم نے رکھی اور اس کی تعمیر بھی خود آپ نے اپنے ہاتھوں سے فرمائی۔ اس میں نماز پڑھنے کا ثواب دوسری مسجدوں کے لحاظ سے ایک ہزار نمازوں کے برابر ہے۔ چناں چہ ایک حدیث میں خود اللہ کے نبی صَلَّی اللّٰہُ عَلَیْہِ وَسَلَّم نے فرمایا:

« صَلَاةٌ فِيْ مَسْجِدِيْ هٰذَا خَيْرٌ مِّنْ أَلْفِ صَلَاةٍ فِيْمَا سِوَاهُ إِلَّا الْمَسْجِدِ الْحَرَام. »

---

(۱) التعلیق الممجد بہ تحقیق علامہ تقی الدین ندوی: ۳/۴۴۸

(میری اس مسجد میں نماز دوسری مسجدوں کے لحاظ سے ایک ہزار نمازوں سے بڑھ کر ہے، سوائے مسجد حرام کے۔)(۱)

اور ایک حدیث میں مسجد نبوی میں نماز کا ثواب پچاس ہزار نمازوں کے برابر ہونا آیا ہے، جس کے الفاظ یہ ہیں:

« وَصَلاتُهُ فِي مَسْجِدِي هٰذَا بِخَمْسِينَ أَلْفُ صَلاةٍ. »

(میری اس مسجد میں آدمی کی نماز پچاس ہزار کے برابر ہے۔)(۲)

لیکن اس کی سند ضعیف ہے، جیسا کہ ابن حجر رَحِمَہُ اللہ نے فرمایا اور اس کا متن بھی منکر ہے جیسا کہ حافظ ذہبی رَحِمَہُ اللہ نے کہا ہے۔ (۳)

پھر ریاض الجنۃ میں حاضر ہوں اور وہاں دو رکعت نماز "تحیة المسجد" پڑھیں، ریاض الجنۃ مسجد نبوی میں روضۂ اقدس اور ممبر رسول کے درمیان کا ایک حصہ ہے، جس کے بارے میں حدیث میں ہے کہ رسول اللہ صَلَّی اللہُ عَلَیْہِ وَسَلَّم نے فرمایا:

« مَا بَيْنَ بَيْتِي وَ مِنبَرِي رَوْضَةٌ مِّنْ رِيَاضِ الْجَنَّةِ. »

(میرے گھر اور میرے منبر کے درمیان کا حصہ جنت کے باغات میں سے ایک باغ ہے۔)(۴)

اس حدیث کی تشریح میں علماء نے لکھا ہے کہ اس حدیث کا ایک معنی یہ ہے کہ یہ حصہ جنت کے باغ کے جیسا ہے، کہ جس طرح جنت میں اللہ کی رحمتوں کا نزول ہوتا ہے اور سعادتوں کا حصول ہوتا ہے اسی طرح یہاں بھی یہ دولت حاصل ہوتی ہے۔

---

(۱) بخاري: ۱۱۹۰، مسلم: ۳۴۴۰

(۲) ابن ماجه: ۱۴۱۳، معجم اوسط طبرانی: ۱۱۲/۸

(۳) دیکھو: تلخيص الحبير: ۴/ ۴۳۸، تخريج الاحياء للعراقی: ۲۰۲/۱

(۴) بخاري: ۱۱۹۶، مسلم: ۳۴۳۴

ایک مطلب یہ بیان کیا گیا ہے کہ اس میں عبادت جنت میں پہنچنے کا وسیلہ و ذریعہ ہے اور ایک مطلب یہ بیان کیا گیا کہ یہ حصہ حقیقت میں جنت ہی ہے؛ اس لیے کہ یہ حصہ قیامت میں جنت میں منتقل کر دیا جائے گا۔ علامہ انور شاہ کشمیری رَحِمَہُ اللہُ کہتے ہیں کہ میرے نزدیک اس کی یہی شرح سب سے زیادہ صحیح ہے۔ (۱)

اور ریاض الجنۃ میں عبادت کا بڑا ثواب ہے، ایک حدیث میں ہے کہ جو شخص ریاض الجنۃ میں چار رکعات نماز پڑھتا ہے اسے ''بطنان عرش'' یعنی عرش کے درمیانی حصہ سے پکارا جاتا ہے کہ اے بندے! تیرے تمام گزشتہ گناہ بخش دیے گئے؛ لہٰذا از سرِ نو عمل کرو۔ (۲)

لہٰذا اس جگہ پہنچنا دراصل جنت میں داخل ہو جانا ہے، یہاں جا کر سوچے کہ اللہ نے مجھے جنت کے ایک حصہ میں داخل فرمایا ہے، بظاہر تو یہ دنیا ہے؛ مگر حقیقت میں یہ جنت ہے، اس پر اللہ کا شکر ادا کریں اور یہ دعاء کریں کہ اے اللہ! جس طرح تو نے مجھے یہاں اس جنت میں داخل کیا ہے قیامت میں بھی جنت میں داخلہ نصیب فرما اور یہ موقعہ بھی قبولیت دعاء کا ہے؛ لہٰذا خوب گڑگڑا کر اللہ سے دعائیں مانگیں اور نماز و ذکر و تلاوت کا اہتمام کریں؛ لیکن یہ یاد رکھیں کہ یہاں لوگوں کا ہجوم رہتا ہے اور لوگ دوسروں کو تکلیف دے کر یہاں جانے کی کوشش کرتے ہیں، یہ بات غلط ہے ذرا انتظار کریں تو یہاں آرام سے جگہ مل جاتی ہے۔

روضۂ خضراء پر حاضری

اے زائرین کرام! اب وہاں سے چل کر روضۂ نبوی پر حاضری دیں، یہ کس کا

---

(۱) فتح الباري: ۴/۱۰۰، شرح البخاري لابن بطال: ۴/۵۵۷، عمدة القاري: ۱۱/۳۷۴، فيض الباري: ۴/۴۵

(۲) اخبار مکہ فاکھی: ۱/۴۶۸

روضہ ہے؟ یہ سرورعالم، سید الکائنات، فخر موجودات، افضل المخلوقات حضرت محمد ﷺ کا روضہ شریف ہے جہاں آپ آرام فرما ہیں اور اہل سنت کے عقیدے کے مطابق آپ اپنی قبر اطہر میں زندہ موجود ہیں اور آپ کا مرتبہ ومقام کس مسلمان سے پوشیدہ ہوگا؟ اور آپ کا تمام انبیاء ورسل میں سب سے افضل ہونا کس سے مخفی ہے؟ کہنے والے نے سچ کہا ہے:

بعد از خدا بزرگ توئی قصہ مختصر

اور آپ یہ نہ بھولیں کہ اس وقت آپ ایک ایسی مقدس ومحترم جگہ پر ہیں جہاں اللہ کے فرشتے بھی باادب واحترام حاضر ہوتے ہیں، یہ وہ مقام ہے جہاں ارباب تخت وتاج واصحاب بخت وباج بھی سرنگوں آتے ہیں، اولیاء کرام ومشائخ عظام، علماء وفضلاء سب کے سب غلامانہ حاضری دیتے ہیں، دنیا کے رؤساء وارباب دولت، اہل عقل ودانش سب کی سطوتیں جھکی ہوئی نظر آتی ہیں۔

لہذا نہایت ادب واحترام کے ساتھ خشوع وخضوع کا لحاظ کرتے ہوئے، نگاہوں کو باوقار طریقہ سے نیچے رکھتے ہوئے مواجہ شریف میں سرہانے کی دیوار کے کونے والے ستون سے تین چار ہاتھ کے فاصلے سے کھڑے ہوجائیں اور پشت قبلہ کی جانب رکھیں، ادھر ادھر ہرگز نہ دیکھیں، پوری توجہ آنحضرت کی جانب ہو، یہ خیال ہو کہ آپ کے سامنے میں اس طرح حاضر ہوں جیسے آپ کی زندگی میں حاضری ہوتی۔ پھر آپ پر درمیانی آواز کے ساتھ سلام ودرود کا تحفہ بھیجیں۔ یہ سلام وصلاۃ خود بہ نفس نفیس آپ سنتے ہیں۔ جیسا کہ حدیث میں ہے کہ رسول اللہ ﷺ نے فرمایا:

« مَا مِنْ أَحَدٍ يُسَلِّمُ عَلَىَّ إِلَّا رَدَّ اللّٰهُ عَلَيَّ رُوحِي حَتّٰى أَرُدَّ عَلَيْهِ السَّلَامَ. »

(کوئی بھی شخص مجھ پر سلام نہیں بھیجتا؛ مگر اللہ تعالی میری روح کو

لوٹاتے ہیں حتی کہ میں اس کے سلام کا جواب دیتا ہوں ۔)(۱)

درود وسلام بھیجنے کا طریقہ یہ ہے کہ: نہ زور سے نہ بہت آہستہ؛ بل کہ درمیانی آواز کے ساتھ یوں عرض کریں:

اَلسَّلامُ عَلَیْکَ یَا رَسُوْلَ اللّٰہ، اَلسَّلامُ عَلَیْکَ یَا نَبِيَّ اللّٰہ، اَلسَّلامُ عَلَیْکَ یَا حَبِیْبَ اللّٰہ، اَلسَّلامُ عَلَیْکَ یَا خَیْرَ خَلْقِ اللّٰہ، اَلسَّلامُ عَلَیْکَ یَا خَاتَمَ الْأَنْبِیَاءِ، اَلسَّلامُ عَلَیْکَ یَا سَیِّدَ الْأَنْبِیَاءِ وَالْمُرْسَلِیْنَ وَرَحْمَةُ اللّٰہِ وَ بَرَکَاتُہٗ.

پھر دل کھول کر گڑگڑا کر آپ سے اپنے حق میں دین ودنیا کے لیے اللہ سے دعا کرنے کی درخواست کریں اور گناہوں کی معافی کے لیے اللہ سے استغفار اور قیامت میں ''شفاعت'' کرنے کی گزارش کریں اور یوں عرض کریں کہ یارسول اللہ! میرے گناہوں نے میری کمر توڑ دی ہے، میں آپ کے سامنے اللہ سے توبہ کرتا ہوں اور آپ سے گزارش کرتا ہوں کہ میری معافی کے لیے آپ اللہ سے شفارش فرمائیں اور روز قیامت بھی ضرور میری سفارش فرمائیں۔اس کے بعد اگر کسی نے آپ کے دربار میں سلام پیش کرنے کہا ہو تو اس کا سلام پیش کریں یا خود آپ کسی کا سلام پیش کرنا چاہیں تو پیش کریں اور ان لوگوں کے لیے بھی دعاء کی درخواست کریں۔

روضہ پرلوگوں کی اغلاط

روضۂ خضرا کے پاس بھی بعض لوگ اپنی جہالت و ناواقفیت کی وجہ سے بعض کام بے ادبی و گستاخی کے یا کفریہ وشرکیہ قسم کے کرتے ہیں،ان سے بچنا ضروری ہے؛ لہٰذا یہاں ان کی نشان دہی کی جاتی ہے۔

(۱) ابو داؤد: ۲۰۴۳،مسند احمد: ۱۰۸۲۷،سنن بیہقی: ۵/ ۲۴۵

سجدہ ورکوع یا اور کوئی عبادت صرف اور صرف اللہ تعالی کے لیے ہے، اس میں کسی کا کوئی حصہ نہیں، غیر اللہ کے لیے عبادت شرک ہے؛ لہٰذا یہاں بھی کوئی ایسا کام نہیں کرنا چاہئے۔حدیث میں ہے کہ آپ ﷺ نے اپنے مرض الوفات میں فرمایا:

« لَعَنَ اللّٰهُ الْيَهُوْدَ وَالنَّصَارٰى، اِتَّخَذُوْا قُبُوْرَ أَنْبِيَاءِ هِمْ مَسَاجِدَ. »

(اللہ یہود ونصاریٰ کو غارت کرے کہ انھوں نے اپنے انبیاء کی قبروں کو سجدہ گاہ بنالیا۔)(۱)

ایک روایت میں حضرت جندب رضی اللہ عنہ کہتے ہیں کہ آپ ﷺ نے وفات سے پانچ دن قبل فرمایا:

« إِنَّ مَنْ كَانَ قَبْلَكُمْ كَانُوْا يَتَّخِذُوْنَ قُبُوْرَ أَنْبِيَاءِ هِمْ وَ صَالِحِيْهِمْ مَسَاجِدَ، أَلَا فَلَا تَتَّخِذُوْا الْقُبُوْرَ مَسَاجِدَ ، فَإِنِّي أَنْهَاكُمْ عَنْ ذٰلِكَ. »

(بے شک تم سے پہلے لوگ اپنے انبیاء اور نیک لوگوں کی قبروں کو سجدہ گاہ بنالیا کرتے تھے، خبردار تم قبروں کو سجدہ گاہ نہ بنالینا، پس میں تم کو اس سے منع کرتا ہوں۔)(۲)

بعض لوگ روضہ شریف کی جالیوں کو چھونے اور بوسہ دینے کی کوشش کرتے ہیں، یا اس کے سامنے جھکنے کی ادا اختیار کرتے ہیں، یہ صحیح نہیں ہے، اس سے بچنا چاہئے، کیوں کہ خود اللہ کے رسول ﷺ نے اس قسم کی تعظیم سے منع کیا ہے۔

بعض لوگوں کو دیکھا گیا کہ زور زور سے سلام و درود پیش کرتے ہیں، اور مسجد میں

(۱) بخاری: ۲۶۶۵، مسلم: ۵۲۹، مسند احمد: ۲۴۹۳۹، وغیرہ

(۲) مسلم: ۵۳۲، صحیح ابن حبان: ۱۴/۳۳۴

ایک شور سا ہونے لگتا ہے، یہ بات منع ہے، آپ صلی اللہ علیہ وسلم کے ادب کے خلاف ہے۔ حضرت سائب بن یزید رضی اللہ عنہ کہتے ہیں کہ ایک بار میں مسجد نبوی میں تھا کہ کسی نے مجھے کنکری ماری، میں نے دیکھا تو وہ حضرت عمر بن الخطاب رضی اللہ عنہ تھے، آپ نے (دو شخصوں کو دکھا کر) فرمایا کہ ان دو کو میرے پاس لے آؤ، وہ کہتے ہیں کہ میں ان کو لیکر آپ کے پاس آیا، آپ نے ان سے پوچھا کہ تم کون ہو؟ انھوں نے کہا کہ ہم طائف کے رہنے والے ہیں، آپ نے فرمایا کہ اگر تم یہاں کے ہوتے تو تمہاری پٹائی کرتا، تم رسول اللہ صلی اللہ علیہ وسلم کی مسجد میں آواز بلند کرتے ہو؟ (۱)

تاریخ میں ہے کہ ایک بار حضرت امام مالک رحمہ اللہ سے ان کے زمانے کا بادشاہ امیر المومنین ابو جعفر المنصور رحمہ اللہ نے مسجد نبوی میں کسی سلسلہ میں بحث کی اور اس کی آواز بلند ہوگئی تو امام مالک رحمہ اللہ نے فرمایا کہ اے امیر المومنین! اس مسجد میں آواز بلند نہ کریں، اللہ نے صحابہ کی ایک جماعت کو یہ ادب سکھایا ہے۔

﴿لَا تَرْفَعُوْا أَصْوَاتَكُمْ فَوْقَ صَوْتِ النَّبِيِّ﴾

(اپنی آواز کو نبی کی آواز پر بلند نہ کرو۔)

اور ایک جماعت کی تعریف اس طرح کی:

﴿إِنَّ الَّذِيْنَ يَغُضُّوْنَ أَصْوَاتَهُمْ عِنْدَ رَسُوْلِ اللّٰهِ﴾

(جو لوگ رسول اللہ صلی اللہ علیہ وسلم کے پاس اپنی آواز کو پست کر لیتے ہیں۔)

اور پھر فرمایا کہ آپ کی عظمت وفات کے بعد بھی اسی طرح ہے جیسے زندگی میں ہوتی ہے۔ (۲)

---

(۱) بخاري: ۴۷۰

(۲) ترتيب المدارک قاضي عياض: ۶۸/۱، خلاصه الوفاء للسمهودی: ۵۱/۱

بعض لوگ اس موقعہ پر بھی ایک دوسرے سے آگے بڑھنے کی کوشش کرتے اور دوسروں کو تکلیف پہنچاتے ہیں، اس سے ایک جانب ادب رسول کے خلاف گستاخانہ انداز ظاہر ہوتا ہے تو دوسری جانب دوسروں کو اذیت دینے کی قباحت بھی لازم آتی ہے۔

حضرت صدیق و فاروق کی خدمت میں سلام

اس کے بعد حضور علیہ السلام کے جوار میں مدفون آپ کے دو صحابہ حضرت ابوبکر الصدیق و حضرت عمر الفاروق رضی اللہ عنہما کی خدمات مقدسہ میں سلام پیش کریں، اول حضرت ابو بکر صدیق رضی اللہ عنہ کو سلام پیش کریں، آپ کی مزار حضور علیہ السلام کے جوار میں ایک ہاتھ داہنی جانب کو ہے اور پھر حضرت عمر فاروق رضی اللہ عنہ اس سے ایک ہاتھ داہنی جانب مدفون ہیں؛ لہٰذا یکے بعد دیگرے ان حضرات کو سلام پیش کریں اور کسی کا سلام ہو تو اس کو بھی پیش کریں۔ اور قارئین کتاب سے بندہ کی عاجزانہ گزارش ہے کہ اس عاجز و فقیر کا سلام بھی دربار عالی میں پیش کر دیں۔

اَللّٰهُمَّ صَلِّ عَلٰى مُحَمَّدٍ وَّ عَلٰى اٰلِ مُحَمَّدٍ كَمَا صَلَّيْتَ عَلٰى إِبْرَاهِيْمَ وَ عَلٰى اٰلِ إِبْرَاهِيْمَ إِنَّكَ حَمِيْدٌ مَجِيْدٌ ، اَللّٰهُمَّ بَارِكْ عَلٰى مُحَمَّدٍ وَّ عَلٰى اٰلِ مُحَمَّدٍ كَمَا بَارَكْتَ عَلٰى إِبْرَاهِيْمَ وَ عَلٰى اٰلِ إِبْرَاهِيْمَ إِنَّكَ حَمِيْدٌ مَجِيْدٌ .

فقط

محمد شعیب اللہ خان

مہتمم الجامعۃ الاسلامیۃ مسیح العلوم